新装復刻版
みんなの憲法

日本評論社・編

これからも、
社会と向きあう。
100th
日本評論社

刊行にあたって

本書は、一九六一年刊行の憲法擁護国民連合編『みんなの憲法』の新装復刻版です。初版から五七年が経過しましたが、日本国憲法をこの国で暮らす「みんな」、市民一人ひとりに憲法を身近に感じ、考えるきっかけをもってほしい、という本書の意図はいまなお、その意義を失っていません。

本書が刊行された前年の一九六〇年は、新安保条約（日米相互協力及び安全保障条約）が調印・発効された年です。条約の成立まではさまざまな議論、そして国民による反対運動がありました。そうした社会情勢の下で編まれたはしがきには、「憲法が空洞化されつつある」状況を前に、「現実政治を憲法の理想にちかづけるには、主権者たる国民の自覚と決意にまつ以外にはない」とあります。そして、「正しい憲法知識の普及をはかるため」、「平易で、しかも権威ある憲法解説書をつくり、これを一人でも多くの国民に頒布」することを計画したと記されています。冷戦構造が世界に広がり、日本も含めた国際情勢が緊迫するなかで、再び戦争が現実化するのではないかという恐れ、そして二度と戦争をしてはならないという平和への強い想いをそこから読み取ることができます。その想いは、日本国憲法の理念を揺るがすような議論がなされている今日、日本国憲法の理念を現実社会で実現したいという多くの人々の想いと重なるものがあります。

さて、本書は九条に規定された平和主義ばかりではなく、家族、教育、労働といった私たちの生活と密接に関わるテーマについて日本国憲法はどのような役割を果たしているのかということ、さらに日本国憲法が前文と全条文にわたって伝えようとしている理念を、根底にある考え方を、市民の目線にあわせて丁寧に語りかけています。さまざまな権利の保障が日本国憲法によって実現されたことの尊さと重み。それを伝えたいという想いが、現代の私たちの胸にも響きます。

また、日本国憲法が理想とする社会と現実の社会との間には乖離があることも本書は指摘しています。一九六〇年代初頭という激動の社会情勢なかで浮き彫りになったこの乖離は、今日においても依然として存在し、場合によってはいっそう深まり、矛盾が深刻化しているといえるでしょう。本書にはその乖離を解消し、矛盾を克服するための価値あるヒントが随所に散りばめられています。

現代の日本は、未だ本書が指摘する日本国憲法の理念を中心に据えた社会に至っていません。本来憲法を遵守しなければならない政府が、率先して憲法改正を推し進めようとする状況のなかで、今後、憲法のあり方をめぐる議論がより本格化、具体化することが予想されます。私たち一人ひとりが、まずは憲法を知り、憲法をめぐる問題を自らの問題として捉える必要性が、まさに今、高まっているといえましょう。

さて、小社は二〇一八年に創業一〇〇年を迎えました。戦前の歴史を振り返ると、小社も河合栄治郎事件、横浜事件というふたつの言論弾圧事件に見舞われ、そして日本が太平洋戦争に突入していくなかで、表現活動、言論活動が厳しく制限されたということも経験しました。戦後、基本的な人権、平和主義を織り込んだ日本国憲法が誕生し、その憲法とともに歩んできた小社が、主権者である私たちの人権が最大限尊重される社会をつくりたい、戦争は二度と起こさないという想いを込めた本書を、今この時代に刊行し、普及することが私たちのなすべき社会的意義と思うところです。

本書を読まれたあと、憲法の成り立ちにはじまり、憲法が私たちに何を保障しているのか、憲法が果たす役割とは何かなどについて、家族や友人、地域の仲間や職場の先輩・同僚・後輩たちと語り合うきっかけにしていただければこれ以上の喜びはありません。

旧版を企画した憲法擁護国民連合の活動は、その後、フォーラム平和・人権・環境に引き継がれ、本書の復刊に際してもご支援とご厚情をいただきました。また、日々日本国憲法の価値を実現するための活動に取り組む弁護士・伊藤塾塾長の伊藤真先生からは、貴重な解題をご寄稿いただきました。ここに記して感謝を申し上げます。

日本評論社

日本評論社創業一〇〇年記念して
二〇一八年八月

解　題

弁護士・伊藤塾塾長
日弁連憲法問題対策本部副本部長　伊藤　真

本書は、一九六〇年六月に発効した新安保条約に関する問題を中心に、憲法上の14のテーマについて、掘りさげた議論をわかりやすく解説した書物です。内容は相当高度なところまで触れていますが、研究書や大学の講義用テキストとは異なり、あくまで一般市民の方が、憲法の基本精神、つまり憲法が何を守るための法なのかを、独習や読書会を通じて容易に知ることができるように書かれたものです。

一九六一年五月三日に発刊された本書は、新安保条約をめぐる政治の動きに対するカウンターとして、憲法擁護国民連合により企画されました。以下、企画の趣旨を知るのに必要な限りで、当時の経緯を説明します。

米軍の駐留を主な内容とする旧安保条約は、一九五一年に署名されました。軍隊をもたない日本が、米軍に自国を守ってもらうという片務的な性格の条約でした。その三年後の五四年、自衛隊が創設され、さらに六年後の六〇年、旧安保条約に代わって新安保条約が締結されます。その第五条では、日本の施政下にある領域において日米いずれか一方が攻撃を受ければ、その共通の危険に日米双方で対処することが定められました。片務的な旧安保条約とは異なり、アメリカが攻撃された場合も、ともに戦争を行なうことが義務づけられ、集団的自衛権を前提とした双務的性格を帯びるようになったのです。言い換えれば、自衛隊がアメリカの軍事戦略の中に位置づけられ、日本が直接には関わらないアメリカの戦争にも日本が自動的に巻き込まれることになったのです。

アメリカに守ってもらうだけの旧条約から、アメリカとともに自衛隊が出動する新条約への改定は重大な国策変更であり、再び戦争を始めるものとして、国民の強い反発を呼びました。

五九年三月に結成された安保改定阻止国民会議が中心となった反対運動は、六〇年に入り日米交渉が妥結することで、一気に全国に広がりました。新安保条約が憲法の平和主義を危機にさらすものであること、条約締結までの過程が非民主的な政治的独断だったことのみならず、条約承認をめぐる審議過程も混乱しました。同年五月の衆院特別委員会では、自民党が警官隊を導入し、座り込みをする社会党議員を追い出して強行採決を行い、本会議では自民党の大物議員も欠席・棄権が相次いだのです。六月一五日には、13万人の国会請願デモの際、警官隊の暴行によって多数の負傷者を出し、東大生樺美智子さんが死亡したことで反対運動は頂点に達します。

新安保条約は、参議院での実質審議を行わず、六月一九日に自然成立、同二三日、批准・発効すると、岸内閣は、混乱の責任を取って翌七月、総辞職します。

本書所収の「選挙と議会」によれば、このような新安保条約の成立過程の騒動には、大まかにいって二つの原因があるといいます。第一は、政府与党が民主主義のルールそのものを無視したこと、つまり、自分たちの主張が絶対正しいとして、強行採決したことであり、第二は、最高法規である憲法を無視ないし軽視しようとした岸一派の行動に対する反撃です。日本国憲法は健在であるのに、時の政府が憲法の基本原理である平和と民主主義を無視した政治を行い、憲法が空洞化されていったのが当時の政治状況であり、新安保条約はその象徴でした。その現実に憲法を合わせるために、改憲の動きが出てきたのも六〇年のことでした。

このような現実の政治の動きに対抗するものとして発刊されたのが本書です。安保闘争は一定の盛り上がりを見せたものの、憲法を無視した新安保条約は発効し、さらにその先には改憲の動きもみてとれます。憲法の理想を現実に引き下げるこのような政治の動きに対して、現実を憲法の理想に引きあげる動きが求められていたのです。そのような動きに最も重要な役割を担うのは誰かといえば、それは首相でも国会でも裁判所でもなく、個々の市民自身です。市民一人ひとりが憲法の基本精神を理解し、現実の政治との違いを知り、違憲政治を正すべく選挙で自らの意思を示し、集会の自由、表現の自由、請願権、裁判を受ける権利など、憲法上の人権を駆使し、世論を形成していくことこそ、現実の政治を憲法の理想に引きあげる最も重要な力になるのです。

憲法を無視した政治を行い、その現実に合わせて改憲を目論む当時の政治の動きは、改憲に前のめりになる今日の安倍政権の動きによく似ています。

二〇一三年に強行採決で成立した特定秘密保護法は、知る権利の保障と国民主権原理を後退させました。翌一四年の集団的自衛権の行使を認める閣議決定、それを具体化した一五年の安全保障法制は、必要最小限度の実力のみを保持できるとする従来からの政府解釈に照らしても、平和主義を定めた憲法九条に違反するものです。一六年の盗聴法の拡大、一七年の共謀罪の成立は、表現の自由を中心とした自由権を大幅に制限し、かつ警察権力の拡大を招くのみならず、戦争ができる国作りの地ならしの役目も果たしうるものです。そして今年一八年は、集団的自衛権を行使する自衛隊を憲法に明記する寸前まで来ているのです。

加えて、それらの法案は、質疑をはぐらかすばかりの政府答弁を経て、数に頼んだ強行採決によって可決されたものも多く、憲法が採用する議会制民主主義は危機に瀕しています。本書「選挙と議会」が指摘した次の記述は、発刊から六〇年が経とうとしている今日の国会審議を見聞きしたかのような提言になっています。

「民意に基づく政治を実現するためには、与党も野党も議案の審議に参加してそれぞれの主張を明らかにし、これを国民の判断に供しなければならない。国民は、これに対して、さまざまの反応を示すことであろう。与党といえども自己の主張のみを固執しないで、さまざまの立場を考慮して共通の意見の形成に努力すべきである」

以上に照らし、六〇年近く前に発刊された本書を現代の私たちが読むことには、次のような意義があると考えられます。

それは第一に、最近、市民の多くが安倍政権による改憲論議に関心を示しはじめており、それに応える意義です。現行憲法が何を守ろうとしているのかを理解することなしに、それを変える必要があるか、変えたらどうなるのかを知ることはできないでしょう。そのための入門書を提供することが本書の意義の一つです。

第二は、改憲論議への関心に呼応して、新安保条約改定当時の議論も注目されはじめており、それに応える意義です。新安保条約改定は、日本国憲法が最も危機にさらされた政治的出来事の一つでした。そのような危機に対して、当時の憲法学者が行った提言をまとめた書物は、当時の議論に関心をもつ人に対して有意義なものです。

第三に、何よりも、当時の政治状況と安倍内閣による政権運営とが非常によく似ていることです。平和と民主主義という憲法の基本精神を無視し、現実を先行させて既成事実を作り、既成事実に合わせて改憲を図ろうとする最近の政治の動きは、当時と異なるところがありません。当時の世相がそれをどう受けとめ、何をなすべきかを知ることは、私たち市民が安倍改憲にどう臨むべきかを考える格好の判断材料になります。

本書が、憲法の基本精神を知り、改憲についてどう考え、行動すべきなのかを決める一助になれば幸いです。

はしがき

日本国憲法が制定されてから、すでに十四年になる。

この憲法が日本の国民にもたらした恵沢は、政治、経済、社会、文化の各方面にわたって、はかり知れないものがある。これを、明治憲法下の、暗く、みじめだった国民生活にくらべると、現在の日本の社会は、まさに、自由・平等・平和の楽園でなければならない。ところが、この憲法の理想と現実の政治情況とのあいだには多くの矛盾がある。その矛盾がつくられたのは、この十四年間、保守党政府が、憲法の解釈をゆがめ、その趣旨をふみにじって、自衛隊という名の軍隊の育成、教育にたいする国家の干渉、労働者の権利の制限、国家警察の強化など、平和と民主主義に反するさまざまな政策をおこなってきたからにほかならない。憲法の条文は健在であるが、政府の反憲法政策によって、現実政治においては、憲法が空洞化されつつあるのだ。とくに現在、新安保条約のもとで、日本の軍備強化にともなって、この空洞化作用がはげしくなろうとしている。

この憲法空洞化作用の進行は、現実政治と憲法とのあいだの矛盾をますます拡大し、日本の政治にたいする国際的な不信をまねくことになるのである。アメリカは、これまでにも、しばしば日本政府にたいして憲法の改正を要請してきた。いずれにしても、保守党が、今の方向で政権を維持しようとすれば、早晩、憲法の改正に手をつけざるをえなくなるだろう。現に、憲法調査会は、この七月に、これまでの調査結果を公表し、以降、改正案をつくるための討議をはじめようとしており、自民党も、この秋から、憲法改正の積極的な宣伝をおこなう準備をしている。しかも来年の参議院選挙では、現在辛うじて憲法改正阻止に必要な議席数を維持している憲法擁護派の議員八十六名（社・民・共）のうち五十名が改選される。もし、この選挙で擁護派の議員数が参議院議席の三分の一をわるようなことになると、衆議院の小選挙区制問題と結びついて、憲法改正の条件は急速につくられることになるであろう。

このような情勢に抗して、憲法を守り、現実政治を憲法の理想にちかづけるには、主権者たる国民の自覚と決意にまつ以外にはない。憲法擁護国民連合は、かかる観点にたち、正しい憲法知識の普及をはかるため、昨年の十二月に、平易で、しかも権威のある憲法解説書をつくり、これを一人でも多くの国民に頒布し、地域で、職場で憲法学習サークルを組織することを計画した。

この計画の趣旨に賛同され、学年末の多忙なとき、まったく犠牲的に執筆してくださった諸先生方、とくに、この企画についてのってくださった辻先生の御好意にたいし、心から感謝をささげるものである。また、この計画を実現するため、採算を度外視して協力された日本評論新社にたいし、ここに厚くお礼を申しのべる。

なお、本書は、広く普及することを目的としたため、憲法の解説書としては十分に意をつくせず、執筆者に御迷惑をかけ、読者には意に満たないところがあるだろうことをおわびする。これは、憲法の基本精神を理解してもらうための総論的なものであって、今後、さらに各論的な解説書を続刊する計画である。読者の皆さんの批判と協力を切にお願いする。

一九六一年四月

憲法擁護国民連合

目次

編集にあたって

一　本書の底本には、憲法擁護国民連合（現フォーラム平和・人権・環境）編『みんなの憲法』（日本評論新社、一九六二年）を使用しました。

二　本書には、現代ではわかりにくい言葉や、不適切と思われる表現がありますが、時代背景や執筆者の意図、本書の歴史的価値などを考慮し、明らかな誤植を除き、すべて原文のまま掲載しました。これらの言葉や表現には、必要に応じて「注」やルビを付けてあります。

三　漢字と平仮名の使い分けは原則として原文の通りとし、送り仮名も明らかな誤りを除いて原文のままにしています。

一　憲法の成立

借物憲法論の登場

借物憲法のいわれ

いまの憲法は借物憲法だ、というひとがある。なかには、押しつけ憲法だといきまくものもないではない。

こうした借物憲法論をとなえるひとたちの気持には、いろいろの動機がひそんでいるようである。占領時代にうけた追放の意趣晴らしから、憲法を目の仇にしているものも、私は知っている。また憲法親不孝論や離婚増加論のように、戦後の社会のなかで生じた好ましくない風潮を、すべて憲法のせいにする単純な考え方もある。さらに労働権の場合に見られるごとく、資本の利益だけを確保するために、憲法を邪魔ものあつかいにしようとする腹黒い企てもなくはない。そのほか元首復活や再軍備をおこなうための政治的な意図から、ことさら憲法の借物性を強調する敵本《てきほん》主義もある。

だが、借物憲法論は、こうした特定の動機や意図の持主と勢力だけの専売にすぎないかといえば必ずしもそうとはいえないようである。憲法をそれほど邪魔ものあつかいにしないひとたち、さらには憲法擁護が必要だと考えているものですら、なんとなく、いまの憲法は占領軍のさしがねでできたのだという実感をもっているのではなかろうか。たとい借物とは断定しないまでも、与えられた物だくらいの漠然たる感情が、気持のどこかに潜んでいるといっても、ほぼあたっているとおもう。憲法改正の是非はともかくとして、なんといっても、占領されていたのだから、ああいう形で憲法ができたのもやむをえないとか、とにかく成立して十五年も経ったのだから、いまさら改正するほどのこともあるまいといった程度の憲法感を抱いているひとは、案外多いとおもう。

押しつけられたと感じているのは誰か

むろん、このような気持が、多くの日本人の心の底に流れていることを正面から否定することはできない。憲法が制定された当初は、それほどはっきりわからなかったにせよ、いまでは、憲法の草案が占領軍の手に成ったという事情は公けにされている。憲法の生まれたときの環境が、私たちの気持を十分満足させてくれる状態でなかったことは、誰でも知るところである。では、そうした環境に日本を陥しいれたのは誰の責任か、という疑問が当然起ってくるわけだが、憲法の問題を考える場合には、そこまで推理の糸をたぐらないのがふつうである。そこで、このような意識の隙間がある結果、借物憲法論までは主張しないにせよ、憲法擁護をとなえる側でも、なんとなく割り切れない憲法感が心の隅に残るのはどうしようもない、といってよい。この自然に起る気持は、たしかにむりのないところだが、こうした意識の惰性に身をまかせているならば、いざ憲法改正が、現実の政治の舞台に現れてきたとき、借物憲法論に対抗するだけの強い勇気と確かな論理が出てこない。それではたとい改正に反対していても、いつとはなしにズルズルと、その風潮に引きずられてゆく心理に陥ることも、なくはない。

もともと、借物憲法論を成り立たしめている最大の理由は、この制定事情にあるといってよい。いまの日本国民にとって、この憲法がどれほどの価値をもっているかは、この論者にとって実はそれほど大きい意味をもっていない。なぜなら、日本国憲法の掲げている民主・平和・人権の三大基柱は、よほどの反動者か復古思想の持主でないかぎり、正面から否定できないからである。したがって、制定されるときの環境と手続が、主として、借物か否かを決定する大きい基準となっている。そこで、いまの憲法が、借物論者の強弁するとおり、果して、当時の日本人の国民感情を無視してつくられたものかどうか、或いは天降りに押しつけられた性質のものか否かを、事実に即して考えてみたいとおもう。事実をこまかく調べてみれば、案外押しつけられたと強く感じたのは国民一般というよりも当時の政府や支配層のひとたちであったということにもなりかねないからである。

当時の国民感情

初心忘るなかれ

私たちの社会には、古くから「のどもとすぎれば、熱さを忘れる」という諺がある。また逆に、この習癖を戒める意味で、「初心忘るなかれ」といった格言も生まれている。富をたくわえ、地位をうると、とかく無名の時代にたてた志を忘れやすく、やがて人生の失敗を招きやすいことを指摘したことばである。いまの憲法を考える場合にも、このような習癖が、とかく頭をもたげやすいことは、お互いに十分注意しなければならないところといってよい。

今日はレジャー時代といい、所得倍増のムードと呼んで、十数年前の焦土と飢餓の日を忘れ去っている。店頭の「記憶術」はベストセラーになっていても、太平洋戦争の期間だけで、軍人と一般国民をあわせて死者百八十五万、その他負傷・行方不明をこれに加えれば二百五十三万という数を、いまなお記憶しているひとは、ほとんどないだろう。

むろん、人間は忘却によって生きる、といわれるとおり、いつまでも、惨めだった時代のカラを身につけている必要はない。いまさら死児の齢をかぞえたところでしかたがないという気持もよくわかる。けれども、たとい、現在の社会に多くの不備欠陥があっても、今日私たちがいちおう平和な日々の生活を送りえている最大の理由は、十数年前の崩壊と混乱のなかに、いまの憲法で再生しようと腹を決めた国民感情に存することだけは、思い起してもよかろう。もし、敗戦後の疲弊した状態のなかで、戦前と同じ形の国家をつくりあげていたならば、軍事費の負担による経済への圧迫や、アジアの動乱への大規模な介入の誘惑などによって、レジャーどころの騒ぎではなかったはずである。

当時の世論はどうだったか

敗戦の代償としては、あまりにも大きい人命の犠牲であったが、それだけに、当時の国民は、この憲法の出現に好感を抱いたことも否定できない。昭和二十一年三月六日に憲法草案が発表されて以後、二十二年五月三日の憲法施行の日まで、この好感をあらわした世論は、社説や投書を通じても枚挙にいとまがない。ひとつの例として、五月三日の或る新聞にかかげられた社説を引用しておこう。

「新しい憲法は、本日から施行される。若葉にうずめつくされた五月は、一年のうち最も美わしい月、力強い月である。新らしい日本の門出は、この月から初まる。明治憲法は、日本国民みずからの手により廃棄され、主権が国民に存することが、堂々と宣言された。日本の民主主義革命は、世界史のうちに、その成果を記録したのである。この記録に対して、日本国民は大きな責任を負わねばならない……。

今日は、日本の新らしい門出である。日本再建の礎は、新憲法によってかたくすえられた。前途にどんな困難が横たわろうとも、日本人の勤勉と公正、信義に対する信頼とが、われわれを導くであろう。国民大衆の一人一人が、真に新憲法の精神を身につけよ、そして日本の民主政治をして、力強く成長せしめよ、新憲法施行に際して、われわれは、心からこれを念願する」(昭二二・五・三、朝日)

このことばのなかには、むろん、占領軍への顧慮もあっただろう。「国民みずからの手により廃棄され」といった表現には、いまからみて、いささか面映《おもはゆ》さを感じないこともない。けれども、昭和時代の初め以来、なにかといえば戦争に明け暮れ、精神・物質の両面における暗い空気から離脱した人々の解放感を、この社説は、いみじくも表現しているといってもさしつかえない。なぜなら、こうした実感の表現は、単に、新聞の論調だけにかぎられていなかったからである。こころみに、次の世論調査を見てもらいたい。

新しい憲法草案が発表されて約三カ月あとのことである。毎日新聞(昭二一・五・二七)

がおこなった、憲法草案に対する世論調査は、次のような国民の意向を示している。草案の示した「天皇制」について支持するもの八五％である。とくに職業別にみて、中小企業、農業、財界、教育者、学生、労働運動家など、いずれも過半数に達している。「戦争放棄」についても、「必要あり」という回答は七〇％である。

なお、憲法草案にはふくまれていなかったが「国会が民意に反したとき、国民投票により解散せしめる必要ありや」という質問に対しては、実に八〇％が「必要あり」と答えている。この事実は昨年の安保問題において岸首相がいった「院外の圧力」ということばと対照して、まことに興味深い。「民主政治の主体は、議員よりも国民にある」という事実を、戦後の私たちは、率直に理解していたことが、この世論調査からもわかるであろう。

正しい民意を反映していなかったか

だが、こういう事実を挙げても、なお、それは草案が発表されたあとだから、その既成事実に強い影響をうけた結果であり、必ずしも正しい民意とはいえないという反論が出るかもしれない。そういうひとに対しては、もうひとつ別の世論調査を挙げておこう。それは、新しくできるはずの憲法の内容がまだ海のものとも山のものともわからない昭和二十一年二月三日に公表された、世論調査研究所の調査結果である（昭二一・二・四、毎日）。むろん司令部が書いた草案の公表よりも、はるかに以前の調査である。おそらく、そのときにはまだ草案はできていなかったであろう。

「憲法改正方法」については、「天皇が提出」「議会の提出」などは僅かに二〇%を越す低率だが、国民が直接選出した代表委員によって公議する方法は五三%で過半数である。

「天皇制」については、「明治憲法のまま」は一六%だが、「政治の圏外に去り、道義的中心として支持」は四五%を占めている。そのほか「枢密院の廃止」は五八%、「帝国議会の現状維持」は二・五%である。これからみても、いまの憲法が定めている基本原理に近い国家のあり方を、終戦直後の国民がイメージとして抱いていた実情を察知できる。

むろん、憲法草案に反対の意思を表わしたひともあり、明治憲法へ郷愁を抱いていたものもなかったわけではない。その事実を否定しようとはおもわない。けれども、大半の国民が、いまの憲法に好感を抱いたり、或いは胸中ひそかに芽生えていたイメージがこの憲法に形象化されたという実感を抱いたこともまちがいない。借物論者の強弁するごとく、憲法の制定が国民感情を無視しておこなわれたといえないことが、この事実からもわかるだろう。

政府の憲法から国民の憲法へ

明治憲法の焼き直しをはかった「松本案」

次に、いまの憲法が、制定の経過において、押しつけられたかどうか、という点を考えてみよう。

すでに述べたとおり、終戦とともに、憲法を改めねばならない空気は、政府にも、国民のなかにも生じていた。ときの幣原内閣は、松本国務相を主任として、数名の学者からなる委員会を設けて改正案の準備にとりかかった。二十一年秋から、活潑に動きだした各政党も、自由党、進歩党、社会党、共産党の別なく、いずれも、独自の憲法草案を作成していた。のみならず、民間の諸団体も、例えば高野岩三郎や森戸辰男などの憲法研究会、尾崎行雄・岩波茂雄・海野晋吉などの憲法懇話会、さらに大日本弁護士会や帝国弁護士会、および個人の名によるいくつかの民間憲法草案も、堰を切った流れのごとく、ぞくぞくと名乗りをあげる状況であった。そのなかには、いまでもしばしば引き合いに出される高野岩三郎の共和制案すら見られたのである。新生日本の建設のために、その当時のひとびとが、いかに意気ごんでいたかは、これら各方面から噴出する憲法提案からもうかがうことができる。

政府は、当然、これらの政党や民間団体の意向を、その草案のなかにくみとるべきであった。敗戦という歴史的事実が、今日巷間の戦記物に見られるような単なる作戦の巧拙できまったのではなく、歴史の進行に逆行する形の戦争をあえておこない、これを阻止できなかった政治の決定と仕組みにあることは、過去にもいくたの例がある。軍国主義で鳴ったプロシアが、フランス革命の洗礼をうけたばかりの国民兵にむざむざと敗れたり、そのフランスが帝政を復活したナポレオンの下に、逆に負けたりしている事実は、その例証といってよい。日本の場合においても、デモクラシーを敵としたファシズムにくみした失敗は、いうをまたなかった。これは国民精神の昂揚が不足であったとか、物資の欠乏、作戦の不手際という問題ではない。はじめから民族意識が正しい方向へ動かされるような政治指導がなされていなかったのである。敗戦という苛酷な事実は、まさに、この教訓を、官民に与えたのである。にもかかわらず「松本案」と呼ばれる幣原内閣の憲法草案は、明治憲法の末梢的な部分をいくらか改めただけで、ほとんどそのままの形を残そうとしたのである。「松本案」は歴史の教訓を無視し、世界の赴くべき方向に、あえて眼を閉じていたのである。この案に対して、これは「明治憲法の焼き直し」であるとして、内外ともに強い非難がおこったのもやむをえなかったといえるだろう。

憲法草案を直接国民の前に

この「松本案」に対して、司令部は、この案は、「明治憲法の字句の最も穏かな修正にすぎず、日本国家の基本的性格は、そのまま変らずに残されている」と批判し、「最も保守的な民間草案よりも、さらにずっと遅れたものである」と指摘した。また、このような政府の雰囲気とは対照的に、世論は一般的にみて、民主化の方向をたどりつつあった。例えば「かくして、諸政党およびその他の草案は、すでに憲法の民主化を要求していることが明かである。しかるに松本博士が起草した政府案は、憲法の民主化への意図を全く示していない。したがって、もし政府が松本案の採択を主張するなら、世論は反対して立つであろう」（昭二一・二・三、ニッポン・タイムス）という空気が、ただよっていたのである。この種の論説は、ほかにも少なからず見うけられる。

民間の憲法感覚と政府の憲法感覚とのあいだには、このような大きいズレがみられたのである。これは、明治以来しみついている官尊民卑意識がもたらした矛盾であり、悲劇であった。このズレを感知した司令部は、独自の立場から、憲法草案を作成し、幣原内閣に渡したのである。

この草案が、いまの日本国憲法の原案である。その内容は、人々の予期していた以上に民主的であるとはいえ、政党や民間で発表していた憲法草案の立場からみれば、それほど驚くべきものでもなかった。けれども、明治憲法の再生をもくろんでいた政府は、この新しい憲法草案が、あまりにも民主的であることに「大きなショック」(民政局への書翰《しょかん》)をうけ、あらゆる手段で、その骨抜きをはかったのである。けれども、結局、この草案を受諾するにいたったのは、「もし政府がこれを拒否し、国民の前に発表して、自由に討論させないならば、司令官《ママ》自身が、この草案を、直接、日本国民に提示する準備がある」と政府に通告したからである。このことは、いまでは、「日本の政治的再編成」という記録文書のなかに、はっきりかかれている。

自主性がなかったのは誰か

ながいあいだ、国民が政治に直接干与することを、極力避けてきた、というよりも惧れてきた日本の支配層が、この通告に驚いたのはいうまでもない。政府が拒否したにもかかわらず、国民が万一賛成したら、政府の立場は全くなくなる。憲法を改めることは、もはや明治憲法の定める政府の手を経てなされるのではなく、国民の発意にまかされるという状態が生まれたとしたら、古い政治感覚の政府にとって、これほど痛いことがあろうか。こうしたなかで、ついに、幣原内閣は憲法草案を受け入れて、三月六日に公表したのである。押しつけられたと強く感じたのは、むしろ政府やこれと似た見解の持主であり、新鮮な気持で、日本の再建を念願していたひとびとではなかったという当時の事情を、私たちはいま憶《おも》い出すことが必要であろう。

もとより、司令部でつくった草案を、日本政府がうけとるといった光景は、私たちの自主性感情に、好ましくない印象をあたえたこともまちがいない。だが、それまでに、日本独自の立場で、自主的に新しい憲法をつくる機会を求められていたにもかかわらず、政府が明治憲法の焼き直しで、表面を糊塗しようとした古い支配感覚が、こうしたのっぴきならない状態に押しこんだのである。当時の国民感情や民間草案をくみとり、国際関係への正しい理解のもとに自主的な草案をつくりあげていたならば、憲法草案の手交という光景はなかったであろう。もしそうならば、いうところの「借物憲法論」は、全く成り立たなかったといってよい。政府のなすことだけが正しいと考え、国民の叡智を顧みようとしなかった日本政府の伝統的な民卑意識が、むしろ、ここではきびしくとがめられねばならないのである。

だが、この草案も、そのまま、いまの憲法に直訳されたわけではない。それは、国民の前に提示されて、多くの論議と批判の前にさらされたのみならず、新しい婦人有権者をふくめた文字どおりの普通選挙によって、私たちが選んだ議員から成る議会に上程され、俗に「百日審議」と呼ばれる討論と審議の俎上にのせられている。その意味で、当時、憲法草案について司令部と政府との間を折衝し、最も重要な地位にいた佐藤元法制局長官が、日本国憲法を彼我双方の「持ち寄りの智恵」でつくったといっているのは、単なる外交辞令とはいえないであろう。

形式が大切か内容が重要か

形式よりも内容を

さいごに「借物憲法論」に対する批判の矢は、その形式偏重の態度に向けられねばならない。

すでに述べたところからもわかるとおり、憲法生誕の環境は、日本国民の自主的な気持を十分満足させてはくれなかった。たしかに、国家の基本的な仕組みである憲法の作成にだれが参加し、どのような雰囲気でなされたかを考えることは、もとより大切である。けれども、憲法のもっている価値は、制定の事情だけから判定してよいものではない。なによりも、その値打ちを判断する基準となるのは、こうした手続や環境とならんで、或いはそれ以上に、どのような内容をもっているかということである。

私たちは、とかく内容よりも、形式を尊重する習俗のなかに生きてきた。戦後に育った諸君は、しだいにこの習俗から離れつつあるが、戦前の家庭や社会になじんできたものや、都市よりも農村に住んでいるひとの間では、なお、この習俗から脱し切れない傾向を強くもっている。冠婚葬祭や盆暮の贈答の場合でも、真情や中味よりも、むしろ外形の体裁を整えることに注意を払いがちである。名実ともに備わっておれば、これに越したことはないけれども、とかく、形式がととのっておれば、それで満足する日常慣習は、お互いをかえりみて、それほど不思議とはおもわない。

これは、私的な生活における習俗だけのことではない。公的な場面でもしばしばこれに似た事実が見られる。例えば組織における役員の任命や会員の頭数をそろえることなどに血道をあげ、組織の強さが、役員の実質的な指導力や会員の自発性にあることを、それほど考慮しない。或いは役場や区役所などで、書類にハンをいくつも求められるといった形式や手続の尊重は、いたるところで見られる現象といってよかろう。この習俗は、とかく人間の価値を、個人の能力によってではなく、むしろ序列や地位で判定しがちな停滞した社会に育ちやすいが、明治憲法のもとにおける政治や社会は、この習俗の温存とも深い関係にあったと考えてよい。

いまの憲法は、その前文や条文を読んでもわかるとおり、むしろ国家や社会の強味が、国民の自発性に求められることを示している。やや妙な表現になるが、その意味で、日本国憲法は、形式よりも内容の尊ぶべきことを、その内容としているのである。したがって、いまの憲法に対する評価基準も、公私の諸生活における場合と同様に、形式より内容におかれねばならないといってよい。

明治憲法は自主的か

この点で、明治憲法が定められたときのことを思い出してみるのも、ひとつの参考になる。私たちは、いまの憲法に較べて明治憲法は自主憲法であったとおもって怪しまないし、またそのように教えられている。けれども、これが制定された際のことを調べてみると、政府が招いたドイツ人レスラーの手になる草案から、強い影響をうけていた事実が判明する。そのことは、明治憲法の起草者といわれる伊藤博文が、みずから書いている。かれは、レスラーとの意見交換の結果、日本文に書いたものを英文に直し、かれの手の入れた英文をさらに日本文に改めて、両方照し合せて草稿を起したと述べている。いわば、この場合にも、「持ち寄りの智恵」で、憲法がつくられているのである。

とくに、明治憲法の場合は、制定の手続からいっても、国民にヴェールをかぶせたままの秘密の世界でのできごとであり、いわんや議会の審議にもかけられていない。文字どおりの天降り憲法であった。その意味で、明治憲法は、国民の自主性を認めていないのである。この点では、いまの憲法のほうが、まだしも恵まれた運命をもっていたといえるだろう。その内容は、近代民主国家が有していなければならない貴重な政治原理で貫かれているし、その手続においても、議会における百日審議の体験をもっている。審議の経過において、国民がこれを批判したり討論することも可能であった。したがって、これらの点を考えるならば、明治憲法は、ことばの正しい意味における自主憲法とはいえず、これと比較して、いまの憲法は借物だと主張する論拠も、いちじるしく弱いといわねばならない。

内容の実現で真の自主憲法に

このようにみてくるならば、もし、日本国憲法の自主性について、責められるべきものがあったとすれば、みずからの手で制定する機会があったにもかかわらず、国民感情や国民理性を無視して、悪評高い「松本案」のごとき草案をつくりあげ、崩壊した日本が再び国際社会に顔向けできるような内容を盛った新鮮な憲法草案をつくらなかった当時の政府指導者の不明である。こうした指導者と類似した戦前意識の持主が、現在の憲法を借物憲法と称するのは、むしろ国民感情を無視することであり、当時政府が犯した誤ちを、改めてくりかえす結果にもなるだろう。

なるほど、改憲論者がときにいうごとく、現代の憲法は、いささか理想にすぎるかもしれない。規範は現実に合致してこそ、はじめて有効だという議論も一理はある。だが、憲法は単に現実を反映する鏡であるばかりでなく、現実政治の達すべき高い基準でもなければならない。そこに社会の進歩に添った価値判断の基準が生まれてくる。かつてリンカーンのもとでアメリカ憲法が定めた市民権の平等という条項は、当時、黒人については、現実というよりも、むしろ理想に属する規範であった。だが、この理念が憲法のなかにはっきりと書きこまれていたおかげで、今日、黒人の地位はしだいに向上しつつある。日本国憲法が、平和や人権や国民主権について刻んでいる条章も、たといその内容がいまは実現していなくとも、いつかは、その目的を達成する日はくる。

ゲーテのことばに、「願望は能力の予見である」というのがある。美しく力強い若葉の五月に私たちが願望した憲法の条章も、やがてその理想を充たすときが訪れるだろう。私たちは、俗耳に入りやすい借物憲法論にとらわれることなく、この憲法の理念や原理を、現実政治の実践のなかで、徐々に国産品にしてゆく努力を進めようではないか。制定されたときの形式は多少不満足でも、内容の充実によって、真の自主憲法に転化することが可能である。そして、憲法は、このような努力を、私たちに求めている。

二　憲法と政治

天皇制の復活を警戒する

憲法の逸脱は許されない

現実の政治は、いかなる場合にも、比較的少数の人々の手によっておこなわれる。資本主義社会における議会政治の国でも、また社会主義の国でも、実際の政治を動かしている人々、いいかえると権力を行使している人々は、権力によって規制されている国民大衆との関係においては、やはり少数の人々である。デモクラシーは多数の手による政治であるといわれており、それは、多数の人の声を反映し、多数の人の利益を守り、多数の人々から選ばれた代表者が政治をおこなうことであるが、政治を実際に動かすのは、そう大勢ではやれず、少数の人が多数を代表してやるほかはないからである。そこで、このような少数の人々による権力の行使には、憲法という枠がつくられていて、これを逸脱しないようにとしている。憲法というものは、このような権力に対する枠であり、ルールである。

ところで、政治をおこなう最高の組織は、政府であって、わが憲法ではこれが内閣と呼ばれている。内閣の下には各種の行政機関があり、また各種の外郭団体や委員会があり、また一方では、地方公共団体が中央の行政機関と連関を持ちながら、日常の政治をおこなっている。これらの政治機関の中心にある内閣は、総選挙を通しての国会の多数意思に基づいて、国会における多数党、或いはいくつかの政党の連合によって形成される。またこの内閣は、議会政治をとるわが国においては、常に国会の監視と批判のもとにあって、国民の声を聞きながら政治をおこなう。したがって、この意味からいうと、内閣のおこなう政治は、国会のもとでおこなわれているということができる。

内閣の上には、また象徴という名を冠する天皇が存在する。この天皇は、いまの憲法ができるときにそれが廃止されるほど徹底されなかったので、形式的な、政治の実権を持たないものとして位置している。

時代逆行の危険をはらむ天皇の地位

ところで、世界の歴史をみると、大ざっぱにいって、かつて君主を持っていた国も、いまでは君主制を廃して大統領を頭に置く共和制に変わっている。太平洋戦争が終ったあと、日本の国内においても、連合国側においても、天皇の手による開戦の詔書によって国民全体が戦争に巻き込まれたのであるから、天皇に戦争の責任があるという議論が強くいわれた。極東裁判でも天皇の責任が問題になったが、マッカーサーは、アメリカの利益のために、天皇の戦争責任を追及しないと声明して、ついに不問のままに終った。天皇は、アメリカにとって利用価値があると考えられたからであるが、このようにして結局、君主制の廃止にまで徹底しきれなかったために、新しい憲法では、これまでの天皇制を改革して、天皇の名において一部の人々が独裁的な政治をやったり、戦争を始めたりすることができないように、天皇を形式的な存在として存続することを認めたのである。このために、わが国では、天皇は存在するけれども、他の国の君主とちがって、全く儀礼的なものとなり、実際の政治には関係しないことが、憲法にきめられている。しかし、憲法の条文のうえでは、単なる象徴として、旗や徽章と同じような飾り物になっているが、実際の政治のうえでは、まだ終戦までの天皇制のなごりが強いだけに、天皇の政治的な機能がいつでも時代に逆行して復活してくるという危険性をはらんでいる。現に、自民党政府の声がかりで発足した憲法調査会では、天皇を元首の地位に戻そうという有力な意見が出されている。天皇を「元首」にするということは、天皇を、儀礼的な存在としてでなく、政治の最終の決定者の地位に復活させるということであって、これでは、国民主権の原則と全く相反することになる。

天皇元首論にひそむもの

日本の憲法が戦後初めて確立したのは国民主権ということである。かつて明治憲法は天皇を政治の決定者としていたが、それを根本から変革して、国民こそが国の主人公であるときめた。ところで、明治憲法のもとでは天皇が元首であり政治の決定者であったといっても、それは、天皇個人が政治を決めるわけではなく、国民の意思から離れたところで政治が決定され、それが天皇の名によって国民に押しつけられることを意味する。明治憲法のもとでの天皇制は、一部の官僚、一部の軍人、一部の政治家の決めることが天皇の名によって国民に一方的に服従を強要されるような仕組みだった。戦争を始めることも、外国と条約を結ぶことも、国民の意思と関係なく天皇をめぐる上層部の人々によってきめられたし、また国内の政治についていえば、当時議会は存在したけれども、それは天皇の政府の協力機関としての役割しか果たさなかった。国民を不幸におとしいれた、あの戦争も、政治の上層部の人々が天皇制を利用し、天皇の命令ということにして始まったのである。しかも、戦争において生命を捨て、家族を失い、自分たちの住む家や財産を焼きつくしたのは、上層部の人々ではなく、多くの罪のない国民である。

さて、天皇を元首の地位に戻そうという憲法改正論であるが、その主張の裏にひそむ最も大きな推進力の一つは、自衛隊の志気を鼓舞しなければという考え方である。現在の自衛隊は、かつての軍隊とちがって、天皇の軍隊ではない。いまの憲法では、天皇は「国政に関する権能」を認められておらず、政治に関係することすらできず、まして、私生子《ママ》のようなかっこうで生まれ育ってきている自衛隊を、大っぴらに閲兵するなどということもできずに、昔のように軍隊の志気があがらない。そこで、天皇を元首に改めれば、元首は政治の決定者という意味のものだから、政治や軍事に関係することが可能になってくるし、それによって自衛隊の志気が大いに鼓舞されるというわけである。これは、自衛隊のさる隊長が、実感として語っていたことである。

　このように、天皇を元首にしようという改正論は、もう一つの改正論である、私生子の自衛隊を正式の軍隊にしたてようという主張と、不可分の関係にあることが、はっきりする。

　要するに、天皇元首論の裏にひそむものは、民主主義のもとでは「陽のあたらない場所」にとじこめられている天皇を、再び国家の正面におしたてて、その命令と意志に重味をつけ、それを十二分に利用できる仕組みを復活させようとする支配階級の意図である。

日本憲法と社会の進歩

憲法は政治の理想か

憲法というものは、政治の理想を決めたものか、或いは政治がおこなわれる場合の最低条件を決めたものであろうか。各国の憲法について共通していえることは、少なくとも憲法が政治のおこなわれる最低の条件であり、たしかにこれだけは守られなければならないという政治のルールを決めたものであるということである。憲法の中には、もとより自民党の政策がいいか、社会党の政策がいいかという政策の内容についての判断基準が書いてあるわけではない。いかなる政党であっても、これだけは守らなければならないという政治の最低条件が憲法によって決められているわけである。スポーツでいえば、勝ち負けを決める場合に守らなければならないルールを示しているものといってよい。したがって、一つの政党が政権をとっていても、選挙によって破れたならば、反対党に政権を渡さなければならないという、政治がおこなわれる場合の規則が憲法に定められている。政治のフェア・プレイとは、憲法にいわれている規則を守ることである。憲法の規定に反して政治をやるということは、ルールを無視した競技と同じことで、それは不正なやり方だということになる。憲法の定める戦争放棄の規定を無視して再軍備をするというのは、ルールを無視した不正行為だといってよい。社会党だけでなく、自民党も、政治をおこなう場合に守らなければならないのは、いうまでもなく戦争放棄の規定である。

憲法改正論はどういう客観的意味をもつか

しかし、このような憲法というルールも、ときには改正する必要が出てくるので、憲法には改正する場合の方法が決められている。そこから、改正する方法が決められているなら、戦争放棄の規定を改正して、再軍備の実用に合せた憲法に作り替えることが当然ではないかという主張も出てくるだろう。もちろん憲法といっても神様の作ったものではないし、欠点の全くないものではない。それは或る時代の或る政治的な情況のもとで作られるものだから、世の中が進歩してこれまでの憲法では不完全だという場合が予想される。しかし日本国憲法を理解する場合にいちばん大切なことは、いまの憲法が各国の憲法に較べて遜色がないばかりでなく、歴史的にみて、たいへん進んだ、民主的で、平和的な憲法だということである。ただ抽象的にいうならば、憲法には改正の規定が設けられているほどだから、憲法に欠点があれば改正することもできなくはない。しかしそれは抽象論としていえることであって、いまの憲法を変える必要があるかどうかということを具体的に考えた場合には改正することは誤まりであるといわなければならない。なぜかといえば、憲法は、一般的にいえば政治をおこなう場合に守らなければならない最低の条件ではあるが、日本の憲法の場合には、それだけではなくて、日本国民が、国際社会の一員として世界に対して実現しなければならない条件を決めているからである。

民主主義は人類が到達した理想的な原理であって、ヨーロッパの各国はこの民主主義を自分たちの手によって実現し、それを憲法によって保障している。自分たちがあらゆるぎせいを払って実現してきた民主的な社会の原理である民主政治、これが専制政治に逆もどりしたりしないようにと、憲法が政治の条件を規定しているわけである。すべての政党の活動も、政府のおこなう政治も、憲法のいう民主主義の場でおこなわれなければならないと決めているのであって、ヨーロッパの先進諸国においては、民主主義は理想ではなく、もはや現実になりつつある。ところが日本の場合には、野ばんな戦争をおこなったり、天皇の名による軍・官僚の政治がつい先ほどまでおこなわれていたのである。

憲法のいう民主主義や平和は、日本においてはヨーロッパ諸国とちがって、すでに実現しているものではなく、これから実現しなければならないものといってよい。いいかえると、憲法のいう民主主義は、わが国の場合には、すでに実現されている政治の最低条件ではなく、これから実現しなければならない政治の条件を示している。

日本の社会はまだ実際には非民主的であって、政党政治も成長してはいないし、家の民主化や男女の平等も実際には十分おこなわれているとは断言できない。また戦争に対する大きな反省はあっても、軍需産業によって甘い汁を吸おうとする資本家たちや、アジア諸国において力による優越をはかろうとする人々がなくなったわけではない。現に、保守派の人々のなかですら憲法上疑惑の的となっている自衛隊が無制限に強化され、戦前の軍隊以上のものが作られていることをみても、戦前の日本に対する根本からの反省があるとはいえないだろう。日本はまだ民主的で平和的な社会にはなっていないから、このような民主化されていない社会の現実に合致させるために憲法を改正するということであれば、日本の歴史を逆もどりさせることになる。民主主義は人類の守るべき道であるだけに、この民主主義を定めている日本憲法の場合には、日本の政治の進むべきコースを示したものといえる。ここにヨーロッパよりも遅れて近代社会になった日本の特殊事情があるといってよい。

社会主義と憲法擁護

また、日本が、将来、社会主義へ向かうとしても、民主的な社会を実現することを通じて達成するのでなければ、健全な社会主義は望めないだろう。社会主義を理想とするのであるから資本主義下の人権や民主主義は守らなくてもいいという主張をするならば、それは国民の多数の支持を現在において得ることはできず、まして将来社会主義勢力が勝利を得るということは及びもつかないだろう。現在において、多数の支持を得ないものが、将来多くの人の支持を得るということはないからである。

構造改革論は、この憲法を守ることにより、この憲法のいう民主主義と平和を実現する過程において、働く人々のための新しい社会関係が一つ一つ実現されてゆくという考え方であり、また社会の進歩はそれによってこそもたらされるという考え方である。これは、第二次大戦後、民主勢力が参加してつくったイタリー憲法のもとで社会の前進が望みうる、というイタリーの民主勢力のものの見方であるが、日本の憲法にも、そういう民主主義と平和の条件が規定されているのだから、憲法擁護の線で、社会主義をかちとってゆこうというのである。

三　憲法と平和

憲法改正と再軍備

再軍備が憲法改正の動きをもたらす

憲法改正の動きは、再軍備とともにはじまり、防衛力の増強とともに、ますます活潑になってきたものである。警察予備隊から、保安隊へ、そしてさらに自衛隊へと軍備が強化され、いまでは、自衛力の名において、自衛隊関係人員は、二十六万にものぼる。こうした自衛隊の膨脹の過程は、そのまま、憲法第九条の拡大解釈の歴史であった。戦争を放棄し、いっさいの戦力を否定した憲法のもとで、「特車」、「戦力なき軍隊」、「自衛のための戦力」といった珍答弁があいついであらわれた。

そのいきさつを、かいつまんでいうと、こうである。警察力で頬かむりできるあいだはそれで押し通した。それ以上の保安隊、そして自衛隊となってくると、「たしかに軍隊ではある。しかし憲法が否定した戦力ではない」と逃げた。つまり、戦力なき軍隊だというわけである。この段階までくると、憲法改正の動きが公然と頭をもちあげてきた。吉田首相も、「保安隊を増強してついに戦力に至れば憲法を改正する」（衆議院予算委、昭二八・一一・三）とのべ、昭和二十九年には、自由・改進両党の憲法調査会が、それぞれ憲法改正の要綱案を発表し、「戦争の放棄」を放棄して、「国の安全と防衛」に関する一章を設ける構想を明らかにした。それからまもなく、鳩山内閣の成立（昭二九・一二）とともに、こうした憲法の解釈に新しい局面が生まれた。ここでは、自衛のための戦力といえども、戦力ということになれば憲法改正を必要とするとした吉田内閣当時の見解は投げすてられた。鳩山首相は「自衛のために戦力を持つということは、私は憲法第九条の禁ずるところではないと思っておりまず」（衆議院会議録、昭三〇・一・二四）と断言するにいたったのである。

言い逃れによって既成事実をつくる

このように、憲法第九条をめぐる政府答弁のうつり変りは、どうしたら言い逃れができるかという、言い逃れのための答弁技術の代表的なものである。もしも、こんな言い逃れを、誰かが誰かに対して、或いは国民が政府に対してしたとしたら、許されるであろうか。こうした言い逃れは、そのときどきには憤りを感じながらも、選挙となると、義理人情にしばられて、ついつい投じてしまった国民の一票々々が、憲法改正を指向する保守党を多数党に押しあげてしまったあげくの果てになされてきたものである。多数なるがために、権力をもつものであるがために、こうした言い逃れが可能とされてきたのである。いいかえれば、国民が、こうした言い逃れを可能にさせたともいえるのである。

しかも、いま、結果として私たちの前にあるのは、言い逃れの答弁集ばかりではない。旧陸軍の三十倍もの戦力をもつ二十六万の自衛隊という名の軍隊がある。そして、いま、問題として国民の前に提示されているのは、このようなやり方で作りあげられた自衛隊を、もう動かすことのできない既成の事実として固定させたうえで、これを前提とした形での論議である。たしかに、国家の安全というような問題に対して、国民が不安をもっているということには、十分考慮を払わなければならないであろう。しかし、軍隊を作りあげるということだけが、国の安全を保障することになるであろうか。日米安全保障条約のように、アメリカという特定の国とだけ安全保障条約を結んでいることが、国の安全になるであろうか。ボタン押し戦争といわれる現在において、防衛の名に価しない軍隊をもったために、或いは特定の国との軍事同盟で結ばれていたために、かえって国際政局を緊張させ、ほかの国々の猜疑心を招くということにならないであろうか。こうした問題を、じっくり考えてみる必要がある。

なぜ戦争を放棄したのか

戦争に敗れたから放棄したのではない

ところで、改憲論者は、憲法は画にかいた理想であり、自衛隊の存在こそ現実だという。果してそうであろうか。私たちは、なぜ、戦争を放棄し、いっさいの戦力を持たないと誓ったのか。改憲論者のいうように、敗北感にうちひしがれていたから、そうしたのではない。むしろ、その逆である。私たちは、戦争の放棄に崇高な理念をみいだしていたし、それが私たちの使命であるというりりしい決意に燃えていた。

焼野原の真只中に残った白亜の議事堂で、議員たちは、与野党の別なく、不戦の誓いを新たにし、「戦争放棄」の条章を作り上げた。それは、「過去の戦禍によって戦争の忌むべきことを痛感した、という理由ばかりではなく」、さらに積極的に、「世界を文明の破壊からすくわんとする理想に発足した」（芦田均委員長報告）ものであった。このさいにも、戦争否定の実効性、つまり、日本だけが戦争を否定しても他国がこれに同じない場合には、保障がえられないではないかという疑いがなかったわけではない。これに対して、政府は、まず、「第九条の規定が、日本は好戦国であるとの世界の疑惑をのぞく」消極的効果をもつとともに、さらに、「国連自身も理想としてかかげている、戦争は国際平和団体に対する犯罪であるとの精神を、わが国が率先して実現するという」積極的効果を強調して、現在のわが国はまだ十分の発言権をもって、このあとの理想を主張しうる段階には達していないけれども、「必ずやいつの日にか世界の支持をうけるであろう」と答弁したのであった。戦争の放棄、戦力の不保持、交戦権の否認は、「全く捨身の態度であって、身を捨ててこそうかぶ瀬もあれという、異常な決心にもとづく」とも政府はのべた。各党代表の演説も、この条章に、日本の「再生の希望」（日本自由党、北昤吉）をみいだし、「力と力の哲学を断乎として排除し」（日本進歩党、犬養健）、「平和と文化の国」（日本社会党、片山哲）であることを謳歌し、「軍備を擁しての平和論」が擬装平和のおし売りか、平和解説にすぎないと観じながら、日本国民が「平和の使徒」となることが永遠の平和創造の「のこされた唯一の手段」（協同民主党、林平馬）としたのであった。ひとり、日本共産党の野坂参三議員だけが、民族の独立のために、自衛のための戦争も放棄したこの条章に反対したにすぎない。それも、戦争の放棄をより具体的にするために、一方の国に偏して国際紛争にまきこまれ、その結果、民族の独立を失うことにならないよう、いかなる国際紛争にも加わらないことを特記すべきだという観点からなされたものであった。

戦争を放棄してこそ国の安全は守れる

このようにみてくれれば、この条章には、単に、「戦争はごめんだ」という不戦の誓いだけではなくて、原爆によって、世界のほかの国が知らなかったような戦争を知った国民として、生半可な軍備によっては国の安全は保たれないこと、戦争の放棄、戦力の不保持にこそ、むしろ、国の安全、そしてさらに世界の平和があるという、並々ならない国民の決意が語られているのである。この条章の発案者といわれる幣原首相も、その著『外交五十年』のなかで、「軍備全廃の決意」を、端的に次のようにのべている。

「軍備に関しては、日本の立場からいえば、少しばかりの軍隊を持つことは、ほとんど意味がないのである。将校の任に当ってみれば幾らかでもその任務を効果的のものにしたいと考えるのは、それは当然の事であろう。外国と戦争をすれば必ず負けるに決まっているような劣弱な軍隊ならば、誰だって真面目に軍人となって身命を賭するような気にはならん。それでだんだんと深入りして、立派な軍隊を拵えようとする。戦争の主な原因はそこにある。中途半端な、役にも立たない軍備を持つよりも、むしろ積極的に軍備を全廃し、戦争を放棄してしまうのが、一番確実な方法だと思うのである。」

幣原首相は、また、こうもいっている。「も一つ、私の考えたことは、軍備などよりも強力なものは、国民の一致協力ということである。武器を持たない国民でも、それが一団となって精神的に結束すれば、軍隊よりも強いのである。……八千万という人間を全部殺すことは、何としたって出来ない。数が物を言う。事実上不可能である。国民各自が、一つの信念、自分は正しいという気持で進むならば、徒手空拳でも恐れることはないのだ。……だから日本の生きる道は、軍備よりも何よりも、正義の本道を辿って、天下の公論に訴える、これ以外にはないと思う」と。

改憲論者の時代錯誤

改憲論者は、口を開けば、第九条創設当時の国際政治状況が、そのごの冷戦の展開によって大きく変化したという。当時は、「平和を愛する諸国民の公正と信義に信頼し」うると思ったが、いまはその前提がなくなった、だから、軍備によって国を守るべきだともいう。かれらは、いったい、どれだけの軍備をもったら防衛できると考えているのであろうか。中途半端な軍隊をもつよりも、軍備を全廃してしまう方が、より安全であるというのが、第九条を作ったときのそもそもの考え方ではないか。改憲論者は、国際情勢の変化を口にするが、あの当時より以上に、科学兵器が日進月歩で変化している点には、眼をふさいでいる。そして、毎年、二千億円もの国民の血税を消費して、人員だけは戦前を凌ぎながら、その実体においては、在日アメリカ軍に従属する傭兵的な軍隊を作りあげているのである。すでに安保国会の審議で明らかにされたように、現在の自衛隊は、ガソリン貯蔵量一つを例にとってみても、ランニング・ストックだけ（防衛の現実の段階では三日分程度）、弾薬についても、或る弾種は数カ月分、或る弾種は数日分をもつにすぎないという。また、自衛隊の大部分がアメリカ軍基地に間借りしている事実――「間借りの自衛隊」――も明らかにされた。池田首相が、どれだけ、日本は大国だと自負したところで、どだい、日本が国を守れると思うだけの防衛力をもつことはできない相談である。それに、そうした武力をもったことが、こんどの戦争へと国民をひきずりこむ結果になったのではなかったか。だからこそ、徒手空拳に私たちは頼みをかけたのである。

日本人は勇しい議論が好きである。在りし昔の強かった日本軍への懐旧の情から、その破綻をとびこえて、いまでも強力無比な軍隊を作れるなどと考えたら、とんだ思惑ちがいである。勇しい議論のまえに、じっくりと、科学の進歩をみつめることである。

第九条改悪のための通俗論理

すでに、憲法第九条を設けたいきさつを通じて、そのときの考え方を通じて、わが国が軍備をもって国の安全を守ろうとすることが、どれだけ時代錯誤であるかをのべてきたつもりであるが、もうすこし、一般に流布されている自衛隊必要論、さらに、その議論に基づく改憲論の二、三について、検討してみることとする。

独立と再軍備

改憲論者は、「独立国家である以上、当然、自衛のための軍隊をもたなければならない」と主張している。この主張は二つの点で誤っている。第一に、その国に軍隊があるからといって独立しているとはかぎらないことである。第二に、独立国は軍隊をもっていたというのは過去の観念だということである。

まず第一の点についてであるが、現在進められている自衛隊の増強は、装備のほとんどすべてがアメリカの貸与によってつくられているのであって、すでにのべたように、日本の自由になる弾薬にしても、ガソリンにしても、きわめてかぎられた量にすぎない。そればかりでなく、日本再軍備の青写真が用意されたサンフランシスコの講和会議で、トルーマン大統領がのべたように、日本軍を太平洋における他の諸国の軍隊と連合させること、つまり、アメリカを中心とした軍事協力体制に日本軍を組みこむことが、究極のねらいである。人員においてだけぼう大な、アメリカじこみの自衛隊の装備と編成にこの意図がむきだしにされており、憲法改正の目標が、徴兵制の実施であり、自衛隊の海外派兵を容易にさせるための布石とされるのも、アメリカ極東戦略の一環としての、日本の人的資源の利用という角度からみれば、まさかそんなことまではと疑う人々にとっても、憲法改正の思惑にまつわる疑いのいくつかは氷解するであろう。これが、独立と自衛を名目とした再軍備の実体である。すでに、自衛のためと限界づけている今日においてすら、「敵基地攻撃と自衛権に関する政府の統一解釈」（昭和三四・三・一九）には、「坐して自滅を待つより進んで敵基地をたたく」という、「自衛」の思いきった拡大解釈がおこなわれているのである。こうしてみると、独立国ということと自衛軍の存在ということとは、そのまま直ちに結びつけられるものでないことがわかるであろう。

第二の国家と軍備という点については、今日、世界のどの国であっても、あらゆる侵略に対して安全であるというような軍備をもちえないことを指摘すれば十分であろう。そこで、或る人々はいうかもしれない、だから、多くの国があいよって、防衛の体制を作るのであると。しかし、あとでもう少し詳しくのべるように、対立した主張をもった国々すべてがあいよるのではなくて、一方の体制を固めそのなかで防衛力を強化するというのであれば、当然、相手側との対立関係を深める結果になるという至極当りまえのことを、考えのなかに入れておかなければならないはずである。

戸締り論

改憲論者がよく口にするのは、いわゆる戸締り論である。「無軍備は他国の侵略を容易にする。いったん侵略をうければどうすることもできない。これでは一日も枕を高くしてやすむことができない。泥棒がきてから縄をなうのではおそい。侵略されないうちに軍備をつくり、来襲に備え、きたらはねのけるようにしておかなければならない」と。

いったい、どこの国が、現在の国際情勢において、無軍備であるからといって、外国にやすやすと侵略するというような、暴挙をあえてするというのであろうか。戸締り論は、「泥棒に対して戸じまりを」、「泥棒をみて縄をなう」などのひゆで、なんとなく俗耳に入りやすいものであるが、これにならってひゆを用いるならば、このような泥棒は、白昼公然と、衆人環視のなかで、他人の家に押し入るようなものである。およそ、武力侵略となれば、空巣ねらいのこそ泥のようなわけにはゆかない。それが、戸締りのない家であったところで、どたんばたんと大きな音をたてて入りこむようなものである。また、日本は、人里離れた野中の一軒家の位置にあるわけではない。だいたい、改憲論者は、ことごとに共産陣営の侵略の脅威をのべたてるが、どれだけの情勢分析のうえに立った発言なのであろうか。あのダレス※ですら、「ソ連の支配者が現在全面戦争を欲しているかどうか疑問だ」とのべた。朝鮮にせよ、インドシナにせよ、或いは中国にせよ、同一民族間の内戦的な争い以外に、いったいどこで、独立の国家どうしの間で共産陣営の侵略があったというのであろうか。

このような反論にあうと、改憲論者が立てこもるのは、つねに、局地戦争の想定である。日本に対する侵略が、全面戦争の危険をおかすことなしにありうるのではないか、それに対して、私たちは備えなければならないという。国民の不安をすみずみまで洗い清めるためには、そこまで考える必要もないわけではなかろう。しかし、これに対して備えるのに、日本が、現在のようなアメリカの戦略体制の一環となることをたてまえとした軍備の増強をはからなければならないという理由はないし、なによりも、そうした体制で、隣国に対立感を抱かせるような方策をとることが、決して得策ではありえないことに、深くおもいを至さなければならない。したがって、のちにのべるように、無防備日本の安全を保障する最良の方式は、関係国ぜんぶの保障を前提とした中立方式という別の道にこそ求められなければならないのである。

※　ジョン・フォスター・ダレス。アメリカ合衆国の第五二代国務長官。

国連協力と再軍備

日本が国連に加入を認められる前、しばしば、国連に加入するには、憲法を改正して「国防」の章をおき、正規の軍隊をもたなければならないという議論がなされた。この議論は、侵略を傍観視する日和見的な態度は許されないという議論と歩調をあわせて進められた。これは、国連の立場からする制裁戦争に参加することは加盟国の義務だという考え方からである。この議論は、一時鳴りをひそめていたが、昭和三十六年二月の、「国連に協力するためには、日本は国連軍に参加すべきだ」という松平康東国連大使の発言以来、依然として、一部の人々の根づよい確信であることがはっきりした。或る意味では、憲法改正による自衛軍創設、その海外派兵のための恰好の大義名分ともなりそうである。

しかし、断わっておかねばならないのは、国連は加盟国に国連軍への派兵を義務づけているのではないということである。兵力を提供すべきかどうかは加盟国の意思にゆだねられているのであり、いまもなお、本来の国連軍を作るべき特別協定は、どの加盟国との間にも成立していないのである。しかも、軍備全廃を目標とする軍縮こそが、世界各国の歩むべき方向としてさし示されているのが今日の世界の動きなのであって、国連軍に提供するために軍隊を創設したり、増強したりするといった考え方は、ことの順序をさかさまにした考え方である。

自衛隊認知論

「現在の自衛隊の誕生や成長にからまる悪い連鎖反応は一応はっきりと断ち切るという前提のもとに、もう一度、全国民が自主的に自衛力問題を考えなおす必要がある」という議論である。この議論は、制度とその犠牲者の混同から、ともすれば、自衛隊に対するやゆが、犠牲者に対する冷笑とすりかえられていることをいましめる点に特色がある。そして、日影者としての卑屈感に結ばれているこの巨大なサラリーマン集団の、こうした風潮に対する反撥が、反自衛隊感情へのどす黒い憎悪となって爆発することのないように、争点を明確にできない総選挙といった方法ではなくて、とくに国民投票という形で、自衛隊の存在そのものについて、国民が決断をなすべきだというのである。積極的に、私生子《ママ》である自衛隊を認知せよとのべているわけではなく、「こそこそ再軍備」に対する烈しい批判と、その間にも、さまざまな危険をはらんだ自衛隊が、強化の一途を進んでいる現状に対する深い憂いをあらわした意見として、この議論の底流にある考え方については考えさせられる内容をもっている。

しかし、この議論が注目する隊員の卑屈感というものも、もとはといえば、この議論が

「はっきりと断ち切る」ということを大前提にしている、自衛隊の誕生や成長にからまる悪い連鎖反応、或いは、すでに幾たびか触れてきたような、現在の自衛隊が対立する一方の陣営の戦略の一環としてしかその存在の意味をもたないこと、まさにそこから生まれてきたものなのである。自衛隊の性質そのものこそ、重要なのである。核ロケットの現代において、自衛隊がいまのままの性格のものでよいものかどうか、このような性格の自衛隊というものによって、防衛が可能なのかどうか、そもそも、軍隊による防衛という観念が正しいものであるのかどうかこそ、問題にされるべきである。いまのままで、このような議論が、ことさらにとりだされるのであってみれば、すでにできたものはどうすることもできないという、「長いものには巻かれろ」式の考え方や、力の実体に対するきびしい分析を欠いたままに、かつての力の幻想を追う国民感情を煽りたてる結果になるのではないかを恐れる。想い出はすべてを美しくするという考え方とのつらなりにおいて想起されている軍隊に対する幻想や、単純な力への依存感から、終戦の時点における戦争と軍隊に対する憤りや悲しみを押しやって、戦後十数年のあいだに、いつしか隔絶されていた現代戦争の実体に盲になったまま、感情においてだけ決定が強いられてゆくであろうことを怖れるのである。

日米安保条約と中立

安保体制の本質

日米安保新条約は、旧条約の改善を目標としたものという政府の説明にもかかわらず、少なくとも二つの重大な問題において、日米「安保体制の強化」をはかったものといわざるをえない。

第一には、防衛能力の維持と発展が約束されたことである。すでに、旧条約でも日本再軍備の促進が期待され、昭和二十九年の日米相互防衛援助協定でも、旧条約上の軍事的義務を履行する決意が再確認されていたが、新条約では、さらに、「継続的かつ効果的な自助と相互援助」によって、武力攻撃に抵抗する能力を維持し発展させると約束した。ここで十分注意しなければならないことは、いままでの再軍備でも、これまでのべてきたことからわかるように、大きな問題をはらんでいるものであるのに、さらにこれを維持するばかりか継続的に発展させることを約束していることである。しかも、日本だけが、効果的だと考えたところで通用しないものであることが、いよいよはっきりさせられてきているのである。いつも、首相のアメリカ訪問ということになると、防衛計画の作成が急がれるというところにも、背景には、このような約束があるからである。こうして、新条約は、まさしく、これからの日本再軍備の性格と方向を明確にしたものである。

第二には、政府が、安保条約を、アメリカに日本を守ってもらう体制だと強弁するにもかかわらず、安保はまさしく日米の一体性をあますところなくむきだしにした軍事同盟であるということである。安保国会も終末に近いころ、この点が、はしなくも政府の口から語られた。「どんな理由があろうとも」、日本のアメリカ軍基地が攻撃された場合には、日本がアメリカと共同行動をとる義務を負わせられているというのである。この基地に対する攻撃が、アメリカのどのような行動、例えば侵略行動の結果による場合であろうとも、或いは他国の侵略行動の結果による場合であろうとも、その見さかいなしに、日本はアメリカと共同の行動をとらなければならないというのである。つまり、日米はどのようなときもアメリカの意思のままに一蓮托生だということである。日本国民の生死がアメリカの意思にゆだねられているといってもよい。これが安保体制の実体である。

中立こそが九条の精神

さて、ここで、こうした日本再軍備、安保体制が、どのような理由づけをしようとも、憲法第九条で許されるはずがないということは、あまりにも明らかなことであろう。しかし、違憲であるときめつけていることだけからは、なんの解決も生まれてはこない。問題なのは、どうすべきか、どうしたらよいかである。そこで、何よりも、私たちがなすべきことは、世界に類例のない、すぐれた憲法第九条をもっていることを、じっくりと、あらためて噛みしめてみるということである。私たちが、なぜ、丸裸になろうと決意したのか、何に私たちの安全を托そうとしたのかを、こしかた、行くすえを思って、静かに考えてみることである。最悪の事態に備えて、誰しも安全を願わないものはない。安保条約は危険な内容をはらむ軍事同盟ではあるが、それ一つだけとりだせば、アメリカが日本を守るという側面をもっていることも事実である。ソ連にも、中国にも、おなじく、日本の安全を守ってもらったらよいのではなかろうか。現に、ソ、中は日本の安全を保障する方式を提示している。アメリカにも、ソ、中にも守ってもらう方式、これが、中立の方式なのである。日本は、軍事的なきずなで結ばれることなく、どちらの側からも安全を保障される。しかも、これによって、少なくも安保体制に関するかぎりにおいて、極東の緊張はほぐれるのである。世界の緊張をほぐすいとぐちともなるであろう。非生産的な軍事行動の準備についやされている二千億の自衛隊関係費は、おなじ要員によって、誇りある平和な国土建設隊に転用されればよい。米、ソ、中の三国が相互に日本の安全を保障する体制、日本の永世中立のための条約をかちとることが、憲法第九条の精神でもある。

四　権利と自由

人権の思想

憲法に人権をかかげる意味

権利と自由の保障は、近代憲法の最も重要な目的の一つである。人民に権利・自由を保障しない憲法は、憲法とよばれる資格がないといってもいいすぎではない。フランスの人権宣言（一七八九年）はこういっている。「権利の保障が確保されず、権力の分立が規定されていないすべての社会は、憲法をもつものでない。」と。

それでは、憲法で人民の権利・自由を保障することの意味はどこにあるであろうか。近代憲法の誕生にさかのぼっていえば、それは何よりも、それ以前においてそれらの権利・自由の保障がなかったことと関係する。専制的な絶対主義の時代において、人民にこれらの権利・自由が認められていなかったから、憲法に掲げてこれを保障する必要と意味とがあったのである。つまり、人民が絶対君主から闘いとった権利・自由が、今後は侵してはならないものとして憲法に掲げられたものである。したがって、保障の利益を受ける者は国民であり、保障の相手方、つまり権利・自由を侵すおそれのあるものは国家権力である。そして、保障するとは、侵してはならないと国家権力に命令することである。このことはわかりきったことがらであるが、それにもかかわらず、いつのまにか忘れられたり、また、わざと無視されたりするので、はじめにはっきりさせておく必要がある。(例えば、憲法中に国民の義務に関する規定をもっといれるべきだという議論があるが、この議論はこの見地よりすると甚だおかしい。)

この意味においては、権利・自由の保障は、或る歴史的時点に、或る特定の国家において起ったことがらであった。しかし、これらの権利・自由は人間の権利・自由として主張されることによって、きわめて普遍的なものとなった。すなわち、それは、人間が人間たるがゆえにもつ権利・自由と考えられた。元来は、例えばイギリス人或いはフランス人が闘いとったものではあるが、それが保障されなければならないのは、それらが、およそ人間が人間たるために欠くことのできない基本的権利・自由であるからであると理由づけられた。

人権思想は近代民主政治の土台

このような人権思想は、その生まれた時代(一七・八世紀)の一般的思潮に影響されて、自然法的・宗教的色合いを加味され、人権は神（天）から与えられたものと説明されたが（天賦の人権といういい方はその趣旨）、そのいわんとする本体は、神（宗教）の要素をいれてもいれなくてもかわりはない。人間が生まれながらにもつ権利といっても同じことである。神から与えられたといういい方は、至高の絶対者以外の何者もこれを与えたのではないということを意味する。すなわち、支配者、国家、法律、或いはさらに主人、親等地上のいっさいの人間・制度を権利・自由のみなもととして認めることを否定する趣旨である。

ところでしかし、或る国家の市民階級が闘いとった権利・自由は、およそ人間一般の権利・自由と宣言されることによって著しく重みを増した。第一に、そう説明されることによって、これらの権利・自由はおよそあらゆる文明社会において保障されなければならないものであるという要請を当然含むものとなった。革命を起した市民階級が国王や貴族よりも力において優っていたから、その階級的利益が無理じいされたというのではなくて、およそ人間が人間たるためには、これらの権利・自由の保障が不可欠であり、それを欠いた人間はけだものに等しいというのであるから、この人権思想は、正義と文明を希求するすべての人々の心を摑む力があった。アメリカの独立宣言（一七七六年）やフランスの人権宣言（一七八九年）の精神や内容が、その後多くの民主国家の憲法によって採用されたのは、この理由に基づくのである。

また第二に、至高の絶対者の与えた権利・自由であるから、有限の生命・目的をもつにすぎない地上の人間や制度はこれを奪うことができないという結論が容易に導き出された。これらの権利・自由は、人間が人間たる資格において神から与えられたものであり、その意味で国家に先きだって存在し、国家はそれを全《まった》からしめるために人民によってつくられたものであり、したがって国家権力によってこれらの権利・自由を制限し、侵すことは許されないということになる。人権が、しばしば、「不可侵」のものとされ、また「永久に保障される」と宣言されるのは、人権宣言起草者の単なる大言壮語ではなく、人権のこのような本質にもとづくのである。

こうして、多くの国々において、人民の自由のための闘争が圧政に反抗して闘われた。ここに実現したものが近代民主政治であるから、近代民主政治は、このような人間の自由を土台にするものということができる。

自由と平等

自由と平等は両立しないか

さて、このようにして生まれた人権の思想と制度とは、やがて一つの試煉《しれん》に当面し、それを乗り越えて新しい生命を獲得した。それは社会権或いは生存権的基本権の登場の問題である。しかし、それらは他の章であつかわれるので、ここでは、自由と平等の問題の見地から、この問題を考えてみよう。

近代民主国家で人権の保障が要求される場合、それは内容的には自由と平等の要求であったといってよい。フランス革命の旗印も自由と平等であった。「自由」といっても、それは抽象的に一つあるわけではない。人民にとって重要なものは、複数の具体的自由である。身体の自由、思想・良心の自由、言論の自由、集会・結社の自由、職業選択の自由、所有権の自由等々である。これらのもろもろの具体的自由の保障によって、国家権力のほしいままな干渉から自由な人間人格の発展が可能になる。

「平等」とはすべての特権・差別の否認である。「人は生まれながらにして平等である。」「すべての市民は法の前に平等である。」などといわれる。最も基本的な精神的価値である思想・宗教または世界観等による差別を禁止し（この差別を禁止しなければ、どんな思想・宗教等をもとうが自由であるとする思想・宗教等の自由が無意味になる）、また人の出生前からきまっていてその人の意思ではどうにも動かしようのない諸関係——家柄、人種、性別等——による差別を排斥して、人間が理性の持主としてはみな同価値であることを要求する理念である。

さて、しばしば、この自由と平等とは互いに両立しないといわれる。しかし、この二つはそもそもつねに衝突するとみるのは正しくない。もとより、反対に、自由と平等が常に永久に両立しうると考えることも当を得ているとは思えない。自由と平等の問題はそう簡単ではない。この問題を少し具体的に考えてみよう。例えば、封建時代には、きびしい身分制度がしかれ、貴族や武士の家柄の出でなければ官職につくことができなかった。商人の子は商人になり、農民の子は一生農民としてとどまるよりほかしようがなかったことはよく知られている。このような状態を何といったらよいであろうか。第一に、そのような社会は不自由な社会である。それは職業選択の自由を否定するからである。第二に、それは不平等である。いくら能力があっても、商人や農民の子であるからという理由によって官職につけないとすることは、身分による人の差別である。そのような社会は、貴族と武士のみに特権を認める不平等な社会である。

身分制の社会は、かくのごとく、不自由にして不平等な社会であった。そうだとすれば、身分制度の廃止が自由の要求として同時に、また平等の要求として持ち出されたことは論理的必然であった。市民や農民は、自分の好む職業を自由に選択でき、また、能力ある者は誰でも官職に登用せられることを要求した。だから、その要求がとおって生まれた近代市民社会は、能力のある者を能力のある者として登用すること、つまり、能力のある者を能力のない者と差別することを当然のたてまえとした。それは平等に反するとは考えられず、むしろそうしてこそ各人が自分の能力を自由に発揮できると考えられた。そこでは、自由と平等とが衝突するとは考えられなかったのである。

しかし、ひとたび自由で平等な社会が実現してみると、自由と平等とがそう簡単には両立しえないものであることが意識されてきた。例えば、いま、能力ある人を能力ある人として能力のない人から差別してあつかうことが平等の名のもとに要求されて怪しまれなかったということをのべたが、能力があるとかないとかいうことは、いったいどういうことなのだろうか。大学出の人は、ふつう能力があるといってよいだろう。しかし、家が貧乏なために、頭がよいのに中学校か高等学校しか卒業できなかった人は能力がないといわなければならないのであろうか。世間一般の常識では、つまり官庁や大会社で雇ってくれないという意味では、そういわなければならないだろう。そして、経済的理由で教育の機会に恵まれなかった人がよい就職をすることができないということになれば、その人の子供はやはり金持の子供にくらべて高等教育を受ける機会において不利になるだろう。こうみてくると、能力があるとかないとかいう問題は、実は、金持か貧乏人かという違いに帰する場合が多いことになる(もちろんそれだけではない)。

ここに、金持と貧乏人との間の実質的な不平等の問題がおきてくる。ただ人間は自由であり平等であるといっただけでは、金持と貧乏人との間の実質的不平等は解決されない。そして、この実質的不平等をなくさなければ、国民大多数の実質的自由（教育の自由、職業選択の自由）は確保されない。しかも、この実質的不平等は、さらに社会の他の分野に波及してゆき、国民大多数の言論の自由、政治的自由を掘りくずしてゆく危険をはらむ。これは自由と平等の衝突というよりは、形式的自由平等と実質的自由平等との衝突といった方がよいかもしれないが、ともかくここに、人民の関心の重点は、平等わけても実質的平等に向けられてきたのである。

実質的自由平等の問題

この問題をどうするか。これは人権保障における最も大きな問題である。この問題の解決の方向を正しくうち出すためには、社会の仕組みに密着した考察が必要である。つまり、資本家と労働者の関係である。この両者は、近代市民社会の原則にしたがえば、ともに自由であり、ともに平等である。両者とも契約の自由をもち、契約せざる自由をもつ。労働者は働きたい所で働けばよく、気に入らない条件、ことに安すぎる賃金の所で働く必要はない。ところが実際はどうであろうか。労働者は資本家とちがって生産手段をもたず、したがって自分の労働力を売って、すなわち資本家に雇われて、その賃金で食ってゆくよりほか、しようがない。だから、気に入らない条件の職を蹴ってもよいが、そのためには、どこかほかで雇ってもらえるという見込みがなければならない。ところが、労働者同士の労働力の売手としての競争があるから、この見込みはそう明るくない。お互いに食いはぐれないために安い賃金でも働こうとするから、賃金は下ってゆく。こうして、労働者は、自由と平等の保障のもとで、意に反する契約を事実上強制され、不自由と不平等に沈んでゆく。

国民の大部分をなす勤労大衆がこのような状態に満足できないことは、いうまでもない。これでは、憲法に美しい言葉でうたわれている人間の自由は、自分たちにとっては、空腹の自由、餓え死の自由でしかない。したがって、こういうみせかけの自由を打ち破って、ほんとうの自由（その能力に応じて才能を伸ばし、人間の幸福を摑み取る自由）を獲得するために、労働者の抵抗と運動がもりあがったのは当然であった。

生存権的基本権が保障されたいわれ

この運動は、当然に、このような事態のよってきたる原因を問題にする。それは、さきにみたように、雇傭契約における両当事者の事実上の力の相違に起因した。資本家は生産手段を所有し、労働者はこれを奪われているために、前者は後者に不利な契約を事実上強制することができたのである。それゆえ、雇傭契約における両当事者の力の差を排除しなければならない。それには、労働者同士が労働力の売手として競争することをやめて、互いに団結することが必要である。この団結の力を背景にして、資本家と労働条件に関し交渉すれば、資本家は個々の労働者をよりどりするようなことができないから、労働者は資本家と対等に交渉することができるであろう。この労働者の団体交渉権は、ストライキをなしうる力（団体行動権）の裏づけをもつことにより、より実効をもちうるであろう。

ところが、労働者のこれらの団体交渉権と団体行動権は、資本家の所有権の自由と真向から衝突する。所有権の自由は、契約の自由、契約せざる自由および契約不履行に対し損害賠償を請求する権利等を含む。労働者の前述の権利の要求は、どれひとつとして、資本家のこれらの自由・権利と衝突しないものはない。それゆえ、労働者の地位向上のための運動は、すべて、所有権（なかんずく資本所有権）を侵害するものとして、また所有権を保護することを任務とする国家法秩序を侵害するものとして違法とされた。労働者がただ団結した（労働組合を結成した）だけで、それは法秩序を侵害することを目的とする陰謀として弾圧された。ここに、平等（労資の対等）の要求が自由（所有権＝資本の自由）の要求とぶつかってこれに跳ね返されること、すなわち両者が衝突することが、はっきりあらわれてきたのである。

しかし、国家もやがて、労働者のこのような生存権のための闘争を無視しえなくなってきた。その要求の正しさと、これを支える力とは、資本の搾取の自由を保障する国家法とそれを擁護するイデオロギーに打ち勝った。国家法は、もはや、単に所有権に対する侵害を理由に労働者の生存権のための闘争を違法視し弾圧することはできなくなり、一定の条件のもとにその合法性を認めるようになった。労働者は多くの犠牲を払いながら、団結権、団体交渉権、そして団体行動権を一歩々々勝ち取っていったのである。そして、ついに、労働者のこれらの権利は、憲法にとりあげられ、憲法上の権利として宣言されるようになった。そこでは、一方において、所有権の神聖不可侵性の神話は放棄される。資本は、もはや、労働者の人権よりも利潤を重しとすることは許されず、労働者の生存権の要求の前に屈服しなければならないのである。他方、労働者の労働基本権によって支えられ、これを基軸として開花した国民大衆の生存権が高らかに掲げられる。それは単に動物的に生きることの保障ではなく、人間がその能力に応じて才能を伸ばし、人間の幸福を摑み取る自由の保障である。

これが、生存権的基本権の保障、社会国家の理念である。所有権の自由の制限は、例えば、ワイマール憲法（一九一九年）の「所有権は義務を伴う」という規定に表わされ、勤労大衆の生存権の保障は同じくワイマール憲法の「人間たるに値いする生活の保障」またルーズベルトのいわゆる四つの自由（一九四一年）のうちの「欠乏からの自由」として表現されている。

さて、この勤労大衆の幾世代にもわたる血みどろの要求と闘争も法文上の存在としては「生存権」というスマートな標語の一つになってしまう。そこにいろいろな解釈の余地が生ずることは避けられない。——一方、これに息を吹き込んで勤労大衆の自由の旗手として躍り出させようとする民衆の解釈から、他方、これを骨ぬきにして上品で謙虚な飾り物にしようとする保守的解釈まで。しかし、生存権の理念が生み出されてきた歴史の脈搏《みゃくはく》を感じとることのできる人は、ここに、人民の生存、自由、幸福追求のための全エネルギーと闘争の正当性が国家によって承認され宣言されていることを見逃すことはないであろう。生存権とは、このようなたくましい歴史的生命力にみち溢れた権利なのである。

明治憲法における権利・自由

憲法に掲げていても自由があるわけではない

さてしかし、このようにして生まれ発展した基本的人権も、その保障の具体的姿は国によって必ずしも同じでない。国家はそれぞれ独自の歴史と伝統をもつし、憲法による人権の保障は、さきにのべたように、その国において従来おこなわれた制限を否定することに重点をおくから、その国の憲法制定前の人民の自由ないし不自由の状態が異なるに応じて、保障される権利・自由の目録に多少の差異が生ずることは当然であった。しかし、注意すべきことは、或る場合には、単なる程度の差をとおりこして、基本的人権の基本的人権たる実質を無にしてしまうようなごまかしがおこなわれたことである。

例えば、残念ながら、わが国の明治憲法（明治二十二年）における「臣民の権利義務」の保障はそのよい例である。わが国は明治維新以来急速に西欧の近代民主政治をとりいれる必要に迫られたが、それを促した主な動因は二つあった。国内的には、自由民権運動に代表される人民の下からの自由獲得の運動が立憲政治を要求したこと、国際的には、開国を迫った西欧諸国がわが国の政治法律制度が野蛮であることを理由に不平等条約を強い、この条約を改正するためには西欧的・民主的な政治法律制度をたてる必要があったことである。時の政府はこれらの勢いに押され、不本意ながら憲法を制定し、民選議会を設けることを決意せざるをえなくなった（明治十四年）。

法律の範囲内で許された自由

しかし、長い鎖国と停滞的な生産力のもとで眠らされていた民衆の力は、当時やっとめざめたばかりであって、十分に自由で民主的な憲法をかちとるほど強力ではなかった。憲法は藩閥政府の手によって準備され、天皇の絶対的権力の発動として制定され、天皇のありがたい贈物として国民に与えられた。だから、そこで保障された臣民の権利・自由は天皇の恩恵でしかなく、したがって「法律の範囲内に於て」許されるにとどまったのは、むしろ当然の帰結であった。或る自由を「法律の範囲内に於て」与えるとは、法律の定め方如何によって広くも狭くもなるということであり、裏返していえば、法律で自由に制限できるということにほかならなかった。それでもなお、人民の権利・自由を制限するには帝国議会の参与した法律に基づかなければならないという程度の天皇大権の制限にはなったが、それは、つまるところ、ただ議会政治をおこなうということであって、人権を保障するということにはならなかった。

ただ一つ、信教の自由だけは、法律の範囲内という留保がつけられていなかったが、それは無制限の保障たることを意味しなかった。反対に「安寧秩序を妨げず及び臣民たるの義務に背かざる限り」という制限が憲法上直接につけられていたのであって、これらの要件にあてはまる場合には、政府が単独で出せる命令（勅令、閣令、省令等）によって制限できることになっていた。これでは、人権の保障といっても、実は、権利を侵す手続をきめたというだけのことであって、私たちがさきにみた国家権力をもってしては侵すことのできない人間の基本的権利の保障とは距《さ》ることほど遠いものがある。

明治憲法の草案を審議する枢密院の会議において、文部大臣森有礼が、臣民が天皇に対して権利をもつなどというのは穏当でないから、草案に「臣民の権利義務」とあるのは「臣民の分際」と改める方がよいという修正意見をのべ、草案作成の立役者であった伊藤博文もさすがに驚いて、それでは憲法を制定することの意味がなくなるといって反対したと伝えられているが、森有礼の修正意見をしりぞけた形でできあがった明治憲法の人権の規定も、その底にある考え方においては「臣民の分際」的な考え方とたいして異ならなかったといえるのではないか。

日本国憲法における基本的人権

はじめて与えられた自由

太平洋戦争は、人民の権利についてこういう考え方をもつ政治権力がいかなる過ちを犯し、いかなる運命をたどらなければならなかったかを端的に示した。いくつかの先進西欧諸国では、民衆が、自分たちの人間としての尊厳と自由とを獲得するために、これを拒むかたくなな政府を打ち倒した。私たちは、自分たちだけの力ではこの事業を遂行することができず、悲惨な大戦争を経過しなければならなかった。こうしてはじめて、神がかった国家観と人間の尊厳の無視が破滅に到ることを、ありありと自覚した。日本国憲法がこのような自覚と反省にみちているのは当然である。それは、基本的人権の尊重を、平和の維持に対する決意とならべて、最も重要な原則として掲げているのである。

　そこでは、人民の権利・自由は天皇の与えてくれたものではない。憲法の規定によってはじめて生まれたものでもない。なるほど、私たち日本国民は、この憲法の施行前には、基本的人権を保障されていなかったのであるから、基本的人権の保障は日本国憲法の施行によって与えられたといってよい。しかし、人権そのものは前々から存在していたのであって、憲法がこれを創り出したものではない。人間が人間たる以上生まれながらに当然にもつべき権利として、人類の努力によって獲得され、人類の共有財として厳として存在していた。明治憲法は、非科学的な天孫民族優越の神話に酔ってこの道理を認めなかったが、日本国憲法はこの道理を直視して、これを実定憲法化したのである。日本国憲法が、その前文で、「人類普遍の原理」をくりかえし強調しているのは、このような趣旨においてである。また、このように考えてはじめて、憲法の規定も理解できるであろう。例えば第九七条をみよう。そこにはこうある。「この憲法が日本国民に保障する基本的人権は、人類の多年にわたる自由獲得の努力の成果であって、これらの権利は、過去幾多の試錬に堪へ、現在及び将来の国民に対し、侵すことのできない永久の権利として信託されたものである。」と。また第一一条に「国民は、すべての基本的人権の享有を妨げられない。この憲法が国民に保障する基本的人権は、侵すことのできない永久の権利として、現在及び将来の国民に与へられる。」とあるのも、同様に、この道理の表明である。

自由を奪われないために

さて、このような普遍の道理を認識することは、憲法理解のうえにおいて必要であるだけではない。それは、憲法実践上も、つぎの二つの意味において重要である。

第一に、基本的人権に該当する権利・自由は、憲法改正の方法によって奪うことはできないことである。憲法が創り出したというよりは、憲法は人類の共通の確信のなかに厳存している普遍の原理を認識し、表明しているのであるから、この普遍の原理にそむくことなしに、これを削除することはできない。現在、いろいろな一見美しい名目（わが国古来の醇風《じゅんぷう》美俗《びぞく》とか公益優先とか）のもとに基本的人権を縮減しようとする憲法改正の陰謀がうろついているが、それらは、長い歴史的伝統と民主的諸国民の広い確信とに支えられた普遍的な人権の理念にてらして、その偽瞞《ぎまん》性に関し厳重に審問されなければならないのである。

第二に、それは、私たちが人類の獲得した貴重な遺産を維持し、より豊富ならしめようとする決意と努力を怠るときは、人権の保障が再び失われることを意味する。人間が生まれながらに持っているということは、努力なしに享受できることを意味しない。反対である。過去において、人権の保障は、狂信的軍国主義者によってふみにじられた。かれらは、人権そのものはついにこれを抹殺することができなかったが、人権の保障は、かれらによって、いちじるしくないがしろにされた。今後も、私たち国民の人権を保持しようとする不断の決意と努力とがゆるむ場合には、人権に対する同様の挑戦がおこなわれるであろう。過去の例にてらして、その挑戦がまず平和と民衆の幸福に対する蔑視によって始まることは、容易に見とおすことができる。「自由のもたらす恵沢」（憲法前文）をさとった私たち日本国民は、二度と同様の挑戦を許してはならないのである。

五　憲法と家族

憲法と家族制度

家族制度の廃止がもたらしたもの

私たちの生活は、家族というものと切りはなしては、考えることができない。それだけに、戦後の日本におこった大きな変化のなかでも、「家族制度」の廃止は、誰にとっても無視することのできない問題であった。新しい憲法によって、「主権在君」が「主権在民」になっても、家庭での毎日の生活が急にガラリと変ってしまうわけではないが、新憲法第二四条の規定は、それまで日本国民が、家族のあり方としていつも心に描いていたものとは全く異なった考え方に立っており、国民は、自分たちが身につけている家庭での暮し方を、大きく変えることを求められたのである。

憲法第二四条には「婚姻は、両性の合意のみに基いて成立し、夫婦が同等の権利を有することを基本として、相互の協力により、維持されなければならない。……」と記してある。

これを見れば、新憲法は、家族や家庭生活そのものを否定しているのではないことが、はっきりとわかる。しかし、家族の中心を夫婦におき、男女の平等を認めることは、それまで、「わが国古来の淳風美俗」としてたたえられていた、家長中心の「家族制度」を廃止することにほかならない。「家族制度」では、男女が結婚して新しい家族をつくるのではなく、祖先から男系によって伝えられた「家《いえ》」は、長男によって受け継がれ、女子は婚姻によって、「夫の家に入る」のであり、妻は法律上も、社会的にも、夫より低い地位しか与えられていなかった。

新憲法と、それに基づく民法の改正によって廃止されたのは、まさにこのような特殊な家族の制度だったのである。それにしても、「家族制度の廃止」という言葉は、多くの人々にとって、「家族」そのものがなくなってしまうかのような印象を与え、大きな不安をまきおこしたのも、無理ではなかった。新民法の解説者たちが、「家族制度」の廃止は、決して「家族という制度」の廃止ではないことを力説しても、「家族制度」による家族生活しか知らなかった人々にしてみれば、そのような暮し方がいけないとなれば、それは、「家族生活」そのものがなくなるとしか感じられなかったのである。

家族制度復活のうごき

昭和二十六年、講和条約調印の頃から、「家族制度」を復活しようという声が、保守派の間からきこえはじめた。これは、家族ばかりでなく、政治や社会の体制を、民主化以前にもどそうとする、いわゆる「逆コース」の一環であったけれど、以前のような家族制度の解体を面白くなくおもっていた人たちには、家族制度を復活すれば、戦後の嘆かわしい状態も、もとのような秩序をとりもどすだろうという希望を与えたのであった。

しかし、「家族制度」の廃止によって、はじめて人間としての権利を認められた婦人や、新しい考え方や制度になじんだ若い人たちは、「家族制度」復活に対してはげしい反対運動をおこした。この人たちは、「家族制度」の廃止によって得たものは大きく、失ったものは何もなかったのであった。それ以来、「家族制度」をそのまま復活させようとする主張は、大っぴらには現われなくなり、憲法改正案にも、「家族の和親結合」や「家の保護」「家の持続発展」をはかる、などという表現がつかわれ、その場合にも、「個人の尊厳と両性の平等に立脚した上で」ということわりが、必ずつけ加えられるようになった。そして、一方では、「家族制度」にしばられずに育った子どもたちが、年々育ってきているのだから、数年前までの「家族制度復活反対論」をくりかえすことは、今日では、もはや不必要となった。

しかし、これで、「家族」の問題が片づいたわけではない。戦後に見られた家族生活の混乱は、「家族制度」支持者が非難したように「家族制度」が廃止されたためばかりではなかった。家族の制度に急激な大変化がおこったという、まさにそのことによって、古い考え方・感じ方が、心身にしみこんでいる親と、新教育を受けた子との理解がむずかしくなり、「死んだ気」になってガマンをしていた嫁が、生きる権利を自覚して自己主張をはじめたために、夫婦や嫁姑間の不和が表面化しやすくなったことは、まぎれもない事実である。そして、社会変化が必然的にもたらすこのような、さけられない混乱と、そこから生まれる不安に対して、新民法の支持者たちが、十分な対策をもっていたとはいわれない。

改正論の問題点

親孝行の問題

例えば、戦後は、子どもに、「親孝行」を教えなくなったために、子が親を大切にしなくなったということが、さかんにいいたてられた。民主主義に基づく新教育が、忠孝教育を否定したのは、「家族制度」の道徳でいう「孝」とは、親のいうことには絶対に服従しなければならないと教え、天皇を親とみて仕える「忠」は、国民が天皇の政府の命令には、黙って服従すべきことを説いたからである。

このように、「孝行」を教えなくなったことは、子が親を大切に思うことを否定したわけではなくて、親と子とが、たがいに話しあって以前よりももっと仲よくなることを目ざしたのであった。しかし、子どもの方では、「親に自分のことを、よくわかってもらいたい」という気持から、親とちがう考えをのべていても、「親のいうことをまもる、よい子ども」という考え方に、ならされてきた親から見ると、子が親に対して、「だって……」というと、子が何をいっているかを考えるよりさきに、「親に向って口答えをするなんて、親を親とも思わない子だ。今からこんなでは、老後が思いやられる」と、嘆いたり怒ったりしてしまいやすい。両方とも相手を愛し、相手の愛情を求めあいながらも、愛情の現わし方のクイチガイによって、相手を誤解し、誤解がつみ重なって、親子が本当に離れてしまうことも、少なくなかったのである。

しかし、新しい親子関係についての常識がひろまるにつれて、このようなズレは、しだいに小さくなってきた。民主化の初期には、かえって、「子が幸福になることが親孝行だ」というので、親の気もちもかまわず何でも勝手にふるまってよいと解釈した若い人たちもあったらしいが、二年前の或る調査によると、むしろ子どもの方に、「親は自分たちのためにいろいろと苦労してくれたのだから、親のためには相当のことをしてあげるのは当然」という答が多かったのである。しかし、この子どもたちは、親のいうことでも、まちがっていれば批判すべきだと考えており、昔の「親孝行」の枠にはまらない子どもたちなのである。

「家族制度」では、子は親に従わなければならなかったかわりに、子は自分で責任をもって行動しなくてよかった。新教育は「権利ばかり主張して義務を考えない」子どもたちをつくったという人もあるが、「子が幸福なら親は満足なはず」というのは、民主教育の「ゆきすぎ」ではなくて、子に責任をもたせない昔の教育の「なごり」である。民主教育一本で育った子どもたちは、親が親自身の幸福を追求確保することを願い、親の権利を当然のこととして認めているのである。

夫婦の問題

「家族制度」が親子のつながりを中心としていただけに、戦後まず大きく取りあげられたのは、親子関係であったが、夫婦についても、民主化がもたらした問題は少なくなかった。もちろん夫婦の間では、仲よく暮している時には、法律の規定がどうであろうと、たいした関係はないわけだ。「家族制度」の時代にも、カカア天下はあったのである。しかし、法律が変ったということは、夫婦のあり方についての考え方が変ったためであるから、夫唱婦随の頃とは、妻のガマンの限度も違ってきたし、以前なら夫としてごくあたりまえであったような態度をとっても、「封建オヤジ」の烙印を押されることとなった。そして妻が子どもとともに、家庭内の革新連合軍をつくって夫に対抗するのでは、夫の「欲求不満」は高まり、昔の「亭主関白」時代をなつかしむのも、むりではなかった。そしてこれもまた、「家族制度」復活のカゲの声となったのである。

もっとも、「父親をおいてきぼりにした家庭の民主化」についての反省がおこり、一方では亭主関白の味を知らない夫がふえてゆくにつれて、こうした過渡期の難しさは少なくなっている。しかし、夫婦は一心同体で、その同体の意思が夫によって代表されていた時よりも、男女同権で妻も自分の意思をもつことを認められている現在の方が、夫婦の対立はおこりやすい。そして、離婚といっても、以前のように妻が身一つで「出される」のではなく、夫に財産分与を請求することができるようになったのだから、生活のために夫の横暴をしのばなければならないという場合は、前よりも少なくなった。これは妻の方から離婚を申し立てる件数が、圧倒的に多いことにも現われている。

よく「家族制度」廃止により離婚がふえたといわれたが、「家」の注文にあわない嫁に、離婚届に判を押させる「追出し離婚」が容易におこなわれた時代にも、日本の離婚率は決して低くはなかったのである。ただ、戦後の現象は、若い者の心がけが悪いために不幸な結婚がふえたのではなく、不幸な結婚に個人をしばりつける制度の力が弱くなったためだということができる。それで、制度でしばりつけなくとも、夫婦が離そうにもはなせないような強い結びつきをもつように、二人の間の愛情を大切にすることが必要となってくる。

そのために無視できないのは経済的基礎で、お金《かね》の問題が家庭生活や愛情にどんなに大きくひびくかは、私たち自身やまわりを見れば実感をもってわかることだ。人間らしい生活ができる賃金や労働条件を獲得することは、愛情を育て幸福な家庭生活をするためには、なくてはならぬ前提である。

それなのに、結婚生活の「安定」をはかるためといって、結婚については当人の意思や愛情は二のつぎとされ、したがって結婚生活に無理がおこりがちで、しかもその無理を続けることを強いる「家族制度」の復活を夢みるのは、おかしなことである。

老後の問題

子の教育や結婚に対する態度は、老後の保障にもつらなっている。「家族制度」では、子が親を養うというよりも、子の教育も結婚も「家」の問題であり、それらに「家」の財産を注ぎこむかわりに、親が年をとれば、「家」の収入をはかる仕事は子が受けつぎ、老人も「家」の一員として、そのまま老後を送ったのである。ところが、子が結婚によって独立した家族をつくるとなれば、親の老後の生活については、別の配慮が必要となる。たしかに、現在の民法には、長男だけでなく、すべての息子、娘に親を扶養する義務を負わせているが、そこでいう扶養とは、親が経済的な援助を受けることであり、親が「家」ぐるみ長男にひきつがれた場合の安定感とは、本質的に異なっている。民法の前提とする近代家族のたてまえだけからいうなら、子の独立後は親は自分の財産で暮し、また、自分の老後の生活にそなえておくことが期待されている。ところが、現在の日本の賃金ベースでは、一般大衆にとって、老後のためのたくわえなどは、夢でしかない。そして、そのような状態から抜けだすために、「子どもだけはゼヒとも大学を出さなければ」と、無理しても教育に多額の金を注ぎこまなければならないありさまである。

最近では老後の不安を親孝行のサボタージュと結びつけ、「親を養えない」状態を、「親を養わない」風潮として説明する議論は、だいぶ影がうすくなった。老人の幸福を確保するには、まず第一に老齢年金などの経済的保障をととのえることが必要というのは常識である。しかし老齢年金の額を少なくすませるために、政府が「家族制度」を利用する考えであることは、国民年金制度が国会で審議されたさいの厚生大臣の答弁にはっきり示されている。「バターより大砲」の政策を進めるためには、「家族制度」は必要とされているのである。

老後の経済的保障には、このほか賃金ベースの問題や教育費の負担軽減（義務教育の完全無償、奨学金制度の完備）などもあわせてとりあげなければならない。

ところで、親の不安には、老後の「淋しさ」という問題もあり、これについて特に重要なのは母親の老後である。「家族制度」の結果として、母親は経済的ばかりでなく、情緒的にも全面的に長男によりかかっていたので、息子と嫁とがたえず自分を第一にしてくれないと「のけものにされた」と感じるような性格に、つくりあげられてきた。ここに「家族制度」に特有な嫁姑関係の難しさがあった。「家族制度」では老人が大切にされていたというが、嫁姑のイザコザに示されるように、老人は必ずしも本当に幸福ではなかったのである。

「家族制度」では、「家」を同じくする姑と嫁とは、「家」を異にする母娘よりも近い関係をもつべしとしたところに大きな無理があった。現在の民法では、子は息子と娘の別なく、親との関係は同じであり、実の母娘なら家事・育児について遠慮のない協力体制をつくりやすい。老齢年金や息子からの援助で経済的な保障をはかり、日常生活では娘との協力体制のなかで、自分の役割りをもつことが、母親にとってはいちばん幸福な老後のくらし方であろう。どの親でも、老後の身のまわりの世話などは、嫁よりも実の娘にしてもらった方が幸福にちがいないのである。「家族制度」の枠は、決して老人にとって幸福をもたらしたのではなく、むしろ反対な点が多かったのである。

英国では、最近若夫婦の住居と義母《マザー・インロー》が一応独立してくらせる部屋とを組み合わせた公営のアパートができたというが、これも若夫婦の独立と老人の幸福とを両立させようとする新しい試みの一つなのである。

憲法が目標としている民主的な社会では、老人もまた幸福になる権利をもつ。それに加えて、とかく「家族制度」の廃止が、老人の不幸と結びつけて批判されやすい日本の現状では、新しい家族の制度の中の老人の幸福について特別の配慮と対策が必要である。

農村の家族問題

ところで、このような青写真も、農村の家族問題には、そのままでは役にたたない。農家の経営が前近代的な家族関係の上に立っているかぎり、家族関係だけを切りはなして「民主化」することには、大きな限界がある。もちろん、人間関係の民主化によって、経営の改革をおこなった例はしばしば紹介されるが、農家の家族関係を民主化するには、まずそれをはばんでいる経済的な諸条件に対して、経済的な対策がたてられなければならない。農業の行きづまりを打開するための基本方針をたてるのを目標とするといわれている最近の農業基本法案（政府案）では、いわゆる自立家族経営は当然近代的家族関係を前提とすること、家族成員の労働は無償であってはならないことを強調して、なお経営の細分化を防ぐため近代的一子相続制の採用を希望している。

政府案でも、以前のような家族の無償労働や長男がひとりで財産のすべてを相続する封建的単独相続制は認められなくなっているが、他方政府部内では自作農主義について家族団体（生産者である個々の家族成員ではなく）を単位にして考えるような家族主義がまだ克服されていない。農村には大きな変化がおこっているとはいえ、まだ経営が「家」から全く離れているわけではなく、また「家」の土地・財産という考えが残っているのが現実なので、自立家族経営が「家」の維持や富農だけに都合がよく、農業のほんとうの発展からは遠のく政策推進につながりうることも忘れてはなるまい。

家族の幸福の条件

心がけだけではどうにもならない

このように、新憲法に基づく新しい家族の制度を、国民の幸福をもたらすものとするためには、各人の心がけばかりでなく、多くの経済的・社会的な条件の整備が必要である。憲法改正案には、「家族の尊重、保護」がしきりに唱えられていたが、もし本気で民主的な家族の保護尊重をはかるつもりならば、そのための政策は、法律に「孝養の義務を規定」したり、道徳教育で「親子間の和親結合」を説いたりするよりも、父親にヤケをおこさせる貧乏や、母親をヒステリーにする住宅事情や、子供をノイローゼにする試験地獄について対策を考え、老齢年金や健康保険を実のあるものにし、夫婦仲が少しおかしくなった時には、気軽にかけこんで専門家の助言を受けることのできる「家族問題相談所」を設けたりすることの方が、はるかに効果的である。

しかし私たちは、政府がこのようなことをしてくれるだろうと、安閑と待っているわけにはゆかない。今日の社会では、自分の家族の幸福をまもるには、家庭のなかだけに目を向けていたのでは間にあわない。船が沈没しそうなのも知らずに、自分の船室だけを飾り立てても何にもならないように、社会全体の安全や幸福を無視して、自分の家庭だけをまもることは、もはや不可能である。主権在民の今日では、家族を幸福にするための政策樹立についても、私たちは無力ではない。家族の幸福を守り、増進するには、憲法で保障されている基本的人権をはじめとして、戦争放棄の第九条や、労働者の権利を守る第二八条等の確保と完全な実現に努力し、これらを変えようとする動きについては、常に厳重な監視をしていることが必要である。

六　憲法と生活

国民生活の実態と社会保障立法

全世帯の半数が低所得層

戦後十五年、日本経済は西ドイツとならんで驚くべき高度の成長率を示し、国民の暮らしも年々よくなってきたという。郵便受けにはデパートからの華やかなカタログがあふれ、経済企画庁発表の国民生活白書は、都会地では二軒に一台の割でテレビや電気洗濯機が普及し、レジャー・ブームとかでスキーや温泉旅行が大はやり、団地族を先頭に国民生活一般が洋風化し「生活革新」がはなばなしい進行を示していると記している。

だが、この半面、労働者の労働時間は昭和二十四年を最低として、とくに二十五年六月の朝鮮戦争勃発以後、年々延長され、労働強化が進み、悲惨な炭鉱事故を始めとする労働災害が相つぎ、また職場では臨時工・日雇労働者などの変則な雇用の形態が拡大しているし、賃金は、アメリカ、イギリス、西ドイツ、フランスなどに比べて最低で、前記の生活白書でさえ、年所得二十万円未満が全世帯の三分の一近く、また年所得三十万円未満とすれば全世帯の半数が含まれるほどに、まだまだ低所得世帯が多いことを指摘せざるをえない実情である。

政府が昭和三十四年二月におこなった「国民生活に関する世論調査」でも、生活の現状に「大体満足している」という者は僅かに一六％にすぎず、毎日の生活についてその困難を訴えた者が二四％に及んでおり、また病気・災害・失業による生活不安を訴える者が二一％、老後の生活に不安を感ずると訴えた者が二八％にも達している（厚生白書昭和三三年度版）。

こんな場合、戦前の明治憲法のもとでは、家族制度の美風を維持するためと称して、国はほとんど手を出さず、なるべく親族同士でたすけあうようにしむけようとするのが普通だった。しかし、貧困者の親族は、だいたいにおいてまた貧困であったから、とうていそのようなゆとりはなく、そのため老人などで餓死したり自殺したりするものが少なくないと、すでに明治四十五年に、或る代議士は喝破していた。

家族制度に責任をおしつけていたのは国ばかりではなかった。資本家は、製糸工場や紡績工場などで女子労働者を酷使し、結核になってもほとんど治療もせずに解雇し、農村の家族に引き取らせて、あとは知らぬ顔というのが普通だといわれた時代さえあった。一般労働者を対象とする健康保険制度ができたのはようやく大正十一年であったし、農民などを対象とする国民健康保険ができたのは、ずっとおくれて昭和十三年からであったが、とくに後者は「隣保相扶《りんぽそうふ》」の美名のもとに農民に負担をおしつける不十分きわまるものであった。失業保険の制度もなくあの世界恐慌の当時ですら多くの失業者は歩いて農村の家に帰るほかはなかったが、その農村の生活も実にみじめな状態であった。そして、生活困窮のどん底に陥った者は、労働能力もなくまた面倒をみてくれる親戚もない場合に限って国の恩恵的な保護を受けることができた程度で、その他の困窮者は、皇室や民間篤志家の慈恵によるほかなかった。ところが、こんな場合でも国やその他の保護を受けることは恥だとされて、公民権や選挙権を行使することもできないものとされていた。こういうやり方で国は社会的な費用を節約することができたのである。

二〇世紀憲法の特色

だが戦後、いまの憲法ができて、事情は大きく変ることとなった。もはや家族制度の美風維持を口実として社会立法の制定をさぼることは許されなくなった。

それどころか、憲法第二五条第一項では「すべて国民は、健康で文化的な最低限度の生活を営む権利を有する」として、健康で文化的な最低生活をすることが権利であり、しかもこの権利はすべての国民に保障されるものであることを明らかにしたし、同条第二項では「国は、すべての生活部面について、社会福祉、社会保障及び公衆衛生の向上及び増進に努めなければならない」として、国民の生存権を保障する責任が国にはあるのであって、国としてはその責任を達成するためにどんな施策をとらなければならないかということを規定したのである。そこで国民は、国家に対して、恩恵としてではなく、権利として、生活の保障を要求できることになったのであり、しかも、ぎりぎりの不十分な生活保障でなく、健康で文化的な生活保障を要求できることとなったのである。

ところで思想や言論の自由といった自由権的基本権とならんで、この種の生存権的基本権をも憲法の基軸としてすえるところに、自由権中心の一八・九世紀憲法と異なる二〇世紀憲法の特色があるとされるが、わが憲法も、この生存権条項をもつことによって二〇世紀憲法の系列につらなることになった。しかも、わが憲法は、単に本文で生存権保障をうたうだけでなく、前文でも「われらは、全世界の国民が、ひとしく恐怖と欠乏から免かれ、平和のうちに生存する権利を有することを確認する」とのべて、生存権が全世界の人々にひとしく保障さるべきものであり、しかも、それが民主主義と平和を守ることと不可分の関係にあることをも明らかにしていることに注意を払うべきであろう。そしてまた、このような生存権条項をもつ憲法の成立した背景には、緊急の生活援護を要するものだけでも全人口の一割、八百万人をこえると予想されたほどの激しい戦後の国民的窮乏の叫びと圧力があったことを無視できないであろう。

憲法の土台の上に生まれた社会立法

かくて憲法公布の昭和二十一年には、わが国救貧法史上画期的な旧生活保護法が成立して、およそ生活に困窮するものは労働力の如何を問わず無差別平等に国家責任で保護するものと定めたのをはじめとして、憲法施行の昭和二十二年には、労働者災害補償保険法、失業保険法、児童福祉法など一連の社会保障立法が制定・施行され、以来、年々この種の立法が数を増し、今日では社会保障制度審議会で作った社会保障統計年報に例示的に列挙された立法だけでも三十幾つかの多きにのぼり、ことに昭和三十三年の新国民健康保険法および三十四年の国民年金法の制定をもって、いわゆる「国民皆保険」と「国民皆年金」を達成するにいたったとも政府筋では称している。

これらの社会保障立法といわれるものを、一応、体系づけてみると、出産、病気、けが、失業、稼ぎ手の死亡、貧乏といった、私たちの生活を脅やかす各種の事故に対応する生活保障をどういう方式でおこなうかで、社会保険と社会扶助（公的扶助或いは国家扶助ともいう）の二つの部門に分けることができ、広い意味では、これに、社会福祉事業（社会事業）や公衆衛生の諸施策を関連部門としてそれぞれ位置づけることができる。この観点から主な立法をあげてみると、①社会保険としては、雇用されている人々に対するものとして健康保険法、厚生年金保険法、労働者災害補償保険法、失業保険法或いは各種の共済組合法等々があり、それ以外の農業や商業などを自営している人々に対しては国民健康保険法や国民年金法があり、②社会扶助としては生活保護法が代表的である。また③社会事業としては、社会福祉事業法、児童福祉法、身体障害者福祉法、精神薄弱者福祉法等々があり、④公衆衛生の面では結核予防法、性病予防法、精神衛生法等々をあげることができる。

これらの立法の中には戦前からのものも若干みられるが、圧倒的な多数はいまの憲法のもとでつくられたものであり、この分野の立法の飛躍的拡充は戦前とくらべて本当に目をみはらせるものがあり、なんといっても、国民の生存権とそれに対する国の責任をうたった新憲法の成果は、まことに大きいものといわねばなるまい。

まだまだ不備な社会保障

国民の権利たる趣旨がつらぬかれていない

しかし、それでは、これだけたくさんの社会保障立法ができているのだから、憲法にいう「健康で文化的な最低限度の生活」は誰でも等しく完全に保障されているということになるであろうか。実態は、決してそうではない。

第一に、日本の社会保障制度は、私たちが、一般労働者、日雇労働者、船員、公務員、その他の一般国民等々のどれに属しているかによって、適用される法律も、したがって保障の種類や程度も違うことが多いというように、身分的・階層的な分化と差が甚だしく、その点に問題がある。

第二に、社会保障は、生活をおびやかすおそれのあるすべての事故に対して、所得の喪失や中断の全期間にわたって、そしてまた最低生活保障のうえから必要なだけの給付をおこなうものでなければならない。この点、制度によって差はあるが、それにしても病気の場合すっかりなおるまで保険でみてくれるというのは少ないし、医師会の一斉休診や病院ストで問題になったように、よい薬が値段が高いというだけで保険がきかず、みすみす病気がながびくという制限診療の問題があったり、健康保険などでは家族の、また国民健康保険では本人の医療費までが原則として半額は自己負担せねばならないので、これまたすぐに医者にかかるというわけにゆかないとか、或いは失業保険金は失業して半年たったら原則として切れてしまうとか、或いは鳴物入りで始められた国民年金も所得の低い人々にとって掛金は高く給付はお粗末だとか、生活保護の基準が低いとか、数え上げると切りがないほど問題が多いことは、誰でも一度、病人を出したり、失業したり、或いは老後のことを考えてみたりしたことのある人なら、すぐに気づくことである。

第三に、社会保障が国民のものである以上、当然、その運営・管理も被保障者の参加によって民主的におこなわれなければならないが、この点でも、わが国の社会保障では、被保障者の発言権はほとんど全くといってよいほど認められていない。

第四に、以上の社会保障制度の基礎をなす考え方は、社会保障は基本的な社会的権利であるということでなければならない。この点は、わが国の場合憲法第二五条に定める生存権が基礎になっていることは、いうまでもないが、以上にみてきたように、実体的にも手続的にも、完全に権利性がどの制度をとってみても、すみずみまでつらぬかれているかということになると、まだまだ問題が多いといわねばならないのが実状である。

朝日事件の判決

それでは、社会保障の現実がこういうものだとすると憲法第二五条は無意味だということになるのであろうか。それとも憲法第二五条それじたいだけではほとんど何ごとも語らないのと同様で、何が「健康で文化的な最低限度の生活」であるかは、結局、国が法律をどう定め、行政をどうおこなうかによって判断するほかないと考えるべきなのであろうか。

食糧管理法違反事件（いわゆる闇屋が食糧管理法違反として起訴され有罪とされたのに対し

て、現在の配給食だけでは生命を保持し健康を維持しえないから、国民が不足食糧を購入し運搬することは、いわゆる生活権の行使であるとして争った事件）に関する有名な最高裁判所昭和二十三年九月二十九日大法廷判決をはじめとするこれまでの多くの判例は、憲法第二五条をもって「国がとるべき施策を列記したもの」であって「個々の国民に対して具体的現実的」な権利を与えているものではなく、「国に立法の方針を与える単なるプログラム規定」にすぎないとして、国民の切実な要求をつっぱねるような、そらぞらしい消極的な印象を与えてきた。ところが、このような傾向に対して、昨昭和三十五年十月十九日、東京地方裁判所は、まことに画期的な判決をくだした。これが有名な朝日事件判決である。

原告の朝日茂さんは、生活保護法の適用を受けて岡山療養所で結核療養中、担当の福祉事務所が三十五年間も音信不通だった兄さんを探し出して毎月千五百円の仕送りをするよう要求し、兄さんが承知したので、それから入院患者に対して厚生大臣の定めた生活扶助基準としての日用品費六百円相当額を差し引いた残り九百円を毎月医療費の一部として自己負担するよう保護変更決定をしたのが、この事件のおこりである。これに対し、六百円では日用品費としても不足であるし栄養をとるに必要な補食費にもこと欠くから一部負担をへらしてほしいと、朝日さんから県知事、さらには厚生大臣へと不服申立をおこなったが認められなかったので昭和三十二年八月提訴したのが、この訴訟事件である。東京地裁の判決は、朝日さんの言い分を認めて、厚生大臣の却下裁決は健康で文化的な最低生活を保障するという生活保護法に違反し、ひいては憲法第二五条の理念にも反することになるから、これを取消すとしたのである。

健康で文化的な生活ということの意味

判決は、憲法第二五条と生活保護法の関係について次のようにいっている。生活保護法は憲法第二五条を現実化し、具体化したものにほかならない。そこで同法は、保護基準をどうきめるかを一応厚生大臣にまかせてはいるが、同時にその保護基準は最低限度の生活需要を充足せねばならないと定めており、そしてまたその最低限度の生活とは健康で文化的な生活水準を維持できるものでなければならないと定めているのであるから、この場合、その「健康で文化的な」という言葉が憲法第二五条に由来するものであることは、いうまでもない。そして憲法第二五条にいう「健康で文化的な」とは「決してたんなる修飾ではなく、その概念にふさわしい内実を有するものでなければならない」、すなわちそれは「憲法第二五条の沿革からいっても、国民が単に辛うじて人間としての生存を維持できるという程度のものであるはずはなく、必ずや国民に『人間に値する生存』或いは『人間としての生活』といいうるものを可能ならしめるような程度のものでなければならない」。具体的にそのような生活水準を確定することは、簡単なことではないが、「それが人間としての生活の最低限度という一線を有する以上、理論的には特定の国における特定の時点においては一応客観的には決定すべきものであり、またしうるものである」。そこで厚生大臣が保護基準を定めるにも、あくまで、このような意味での憲法に由来する生活保護法の規定をはずれることはできないもので、その意味で保護基準が適法であるかどうかを裁判所は審査できるというのである。

　このように、この判決は、憲法第二五条が決して絵にかいた餅にすぎないものではないことを明らかにしたばかりではない。進んで、何が最低限度の生活水準であるかを考える場合に注意すべきこととして、第一に、日本のチベットといわれるような東北の或る地方には、はくものがないのではだしで歩きまわり、用を便ずるにも藁をもってするというところがあるからといって、いまの保護基準でよいというように、国内の最低所得層、いわゆるボーダーライン層の人々の現実の生活水準をもって直ちに生活保護法の保障する「健康で文化的な生活水準」に当ると解してはならないとし、第二に、何が最低限度の生活水準であるかは「決して予算の有無によって決定されるものではなく、むしろこれを指導支配すべきものである」といって、予算がないからということばは理由にならぬことを明らかにしたことなど、いずれもきわめて当然のことではあるが、憲法第二五条に対する考え方を示したものとして注目すべき発言であるということができる。

私たちの生活を守る真の保障を

まことに、この判決は、憲法第二五条の生存権規定がことばのうえだけのきれいごとではなく、現実の社会保障立法や行政の姿をただす力をもった生きた規定であることを明らかにし、人間らしい生活をしたいと願う私たち多数の国民に大きな希望と勇気を与えるものである。

そのうえ、これまでの保護基準が単に生活に困った場合の最低生活の水準をきめるだけではなく、一般勤労者に対する厚生年金保険や失業保険、或いは一般住民に対する国民年金等の社会保障給付の水準をきめるのにブレーキ的な役割を果してきていることや、失業対策事業賃金との関係を通して一般賃金水準とお互いに密接な相互関係があることなどを考えると、この判決の意義は、本当に大きいといわねばならない。それだけに、生存権裁判ともいわれるこの訴訟の今後の運命に私たちとしても大きな関心を払わずにはいられないのである。

ところで、わが国の社会保障は、上述したように、立法の数だけは相当のものであり、その点ではかなりの水準に達しているようにみえるし、予算上も戦前とは比べものにならないほどの規模に達している。しかし、社会保障費の比率からいえば、わが国は、国際的にみて、最も低率のグループに属している。それどころか、制度の増加に反比例して社会保障費に対する国庫負担の割合は減少の傾向すら示している。社会保障を三大施策の一つにうたっている昭和三十六年度予算でも、社会保障費は一般会計総予算の一二・六％にすぎず、逆に憲法で認めていないはずの軍事費が一四・五％も占めて、社会保障費を上まわっている。そのうえ、社会保障という名で、実は厚生年金保険や拠出制の国民年金などのように膨大な保険料収入の多くが大蔵省資金運用部に積み立てられて、財政投融資の源資として、結局は独占資本に役立つようにされているものもあることを無視できない。

そこで、私たちとしては、日本の歴史上はじめて生存権をうたった新憲法のもとでこそ数多くの社会保障立法を生みだすことができたし、また朝日事件判決のような生存権擁護のすばらしい判決も可能になったことの意義を改めて確認するとともに、しかし、制度の現実はまだまだ私たちの必要とするところからみれば不備であるし、それどころか、うっかりしていると社会保障の名のもとに却って逆のことがおこなわれるおそれもあることに注意して、私たちのすべてが本当に健康で文化的な生活ができるようにするには、どうしたらよいかを、皆で考え、実践にうつす努力をする必要があるだろう。平和と民主主義を守ることはもちろんのこと、失業をなくし、人間らしい生活のできる賃金を獲得するたたかいが、社会保障をほんものとする努力と並んで、必要であることはいうまでもないことであろう。

七　憲法と教育

新教育に対する誤解

親孝行と愛国心

戦後の教育では、親孝行も愛国心も教えられないし、また日本人らしい日本人を養成することもできないから、教育基本法を改正すべきだといわれている。そしてそれにともなって、その基本である憲法も改正すべしと主張されている。けれども果してそうだろうか。いうまでもなく、親のいいつけは守るなとか、親不孝をせよという規定は憲法や教育基本法のどこにもない。にもかかわらず新教育が非難されるのは、戦後は、親や権威者のいいつけや命令で動く人間を作るのでなく、自分の判断に基づいて自主的に行動する人間の教育を目ざしているために、親の意見と対立することが少なくないことを誤解しているともおもわれる。この点は、愛国心についてもいえるとおもう。なるほど「木口小平は死んでもラッパを口からはなしませんでした」とか、「大日本大日本、神の御末《おすえ》の天皇陛下」などとは教えられていない。したがって、戦前とおなじ形の愛国心教育がなされていないことは確かである。けれども、別の形の愛国心、例えば、日本の国を、どこの国よりも平和で、自由で、豊かな国にしようという教育はおこなわれているし、新しい愛国心も子どもの中には育っているのではないだろうか。ここでは、こうしたことを含めて教育が憲法とどういう関係にあるかを見よう。

教育をうける権利

権利としての教育

いまの憲法と明治憲法と比べてみて、いちばん重要なことは、憲法のなかに「教育を受ける国民の権利」が規定されたことである。憲法第二六条には「すべて国民は、法律の定めるところにより、その能力に応じて、ひとしく教育を受ける権利を有する」とはっきりかかげられている。このことは、すべての国民は、教育によって、自分の持っている能力を最大限度にのばしてもらう権利を認められたということであり、逆にいえば、親にも、社会にも、国家にも、子どものもつ能力を最大限にのばしてやるべき責任と義務がおわされたことを意味するものである。だから、憲法第二六条の二項に、「すべて国民は、法律の定めるところにより、その保護する子女に普通教育を受けさせる義務を負ふ。義務教育は、これを無償とする」と書かれ、学校教育法では、子どもが学齢になったのに学校に出さなかったり、子どもを店や会社で使う者が、仕事のために学校にやらなかったりすれば、それぞれ千円以下、三千円以下の罰金に処せられることになっている。また、児童福祉法に「国及び地方公共団体は児童の保護者とともに児童を心身ともに健やかに育成する責任を負う」（第二条）とあり、さらに教育基本法第三条二項では「国及び地方公共団体は、能力があるにもかかわらず、経済的理由によって修学困難な者に対しては奨学の方法を講じなければならない」と規定されたのも、すべてこのことを示している。

けれども、そこで注意しなければならないのは、能力に恵まれた者については教育をうけさせ、能力のない、能力に恵まれない子どもは放ったらかしにしておいてよいということではない点である。すなわち、能力あるものはその能力をどんどんのばしてもらう権利があるが、能力に恵まれない者は、人間らしく生きるためにそれ以上に手厚い保護と、親切な教育をうける権利があるということである。

教育に男女の差別はない

次に重要なのは、この権利は平等に保障しなければならず、そこに差別があってはならない点である。周知のように、戦前には、男女、すなわち性の相違によるひどい差別があった。すなわち、女子については専門学校などの高等教育機関は、男子に比して非常に少なかったばかりか、国立大学には原則として女子は入学を許されなかった。そしてその重要な理由として、女子に高等教育を許せば、最も健康で子どもを多く出産する時期に学校に行っていて結婚やお産の機会が少なくなるから、そのことは、民族と国家の繁栄をそこなうというものであった。しかも、こうした意見が、大正六年頃、臨時教育会議において、東大総長をした山川健次郎委員等によって堂々と主張されていたのである。

さらに、差別待遇では、能力ではなく、思想や信念に基づく差別があった。とくに、大正末期から昭和にかけて、すぐれた能力をもつにもかかわらず、その思想が、反政府的とか反軍的・反資本主義的だという理由から、入学を許可しなかったり、退学させた例が多かった。教育基本法に「すべて国民は、ひとしく、その能力に応ずる教育を受ける機会を与えられなければならないものであって、人種、信条、性別、社会的身分、経済的地位、又は門地によって、教育上差別されない」（三条）と規定したのは、そうしたことのないようにするためである。とくに性による差別教育について、戦後の文部省の新教育指針（二一年五月）は次のようにいっていた。すなわち、そこでは女子は妻であり、母である前に人であるから、良妻賢母のみが女子教育の目あてであってはならないとし、「女子教育の目あてとすべきことは、女子を個人として、国民として、完全に育てあげることである。いいかえれば男子と協力して新しい日本の建設に当ることのできる力を養うことである。元来、男子と女子とは本質的にちがったものを多分にもっているが、それと同時に、共通した面ももっている。だから女子の特質を生かすことも、もとより大切であるが、男子と共通する面を重んずることも同様に大切である。しかるに、これまでの女子には、例えば礼儀作法とか、家事裁縫とか、茶の湯、いけ花などが重んぜられ、社会問題や科学的教養を身につけさせることにおいて、すこぶる欠けていた。これからは男も女も、その力を十分にのばされ、ひとなみに社会に出て考え、かつ判断する力を得るように教育されなければならない。女だからといって、早くからその力がおさえられたり、ゆがめられたりすることは、単に女のために不幸であるばかりでなく、社会全体のための損失である」とはっきり書いていたのである。

義務教育費の無償

義務教育無償の意義

国民の教育をうける権利を保障するうえで、憲法が義務教育の無償を規定したことは大いに意義がある。つまり、無償としなければ、貧しい家の子どもは、実際上、教育をうける機会を奪われるからである。けれども、ここでは、憲法でせっかくこのように規定しておきながら、その下にある法律でこの原則を狭めていることが問題である。すなわち、教育基本法第四条では「国又は地方公共団体の設置する学校における義務教育については、授業料は、これを徴収しない」というように、義務教育無償は授業料だけ払わなくてもよいというように狭められてしまい、そして学校教育法になると、もっとひどくなって、その第六条では、まず「学校においては授業料を徴収できる」というように、それが原則となり、次に「但し国立、公立の小中学校における義務教育については、これを徴収することができない」と、本末がさかさまにされているからである。

もちろん、今日でも、生活困窮者の中で生活保護法の適用をうけるものの子弟には、教科書や給食費についての補助や免除の制度がある。けれどもそれを適用されるものについてはもちろん、それを受けないが同様の生活をしているものの子女には、大きな問題がある。というのは、小学校一年生くらいでも、給食費を払っている子どもと、それを払えなかったり、おくれたりする子どもとの間には、あらそいがあり、仲間意識の成長をはばんでいるからである。金を払って食べている子どもが金を払わずに食べる子どもを変な目で見る一方において、他方は、払うべき義務あるのに払えないということでひけ目を感じているからである。これが学級費やPTA会費となると、いっそう問題が大きくなる。それは、払えない子どもがそのことに劣等感をもつことによって、せっかくの学校が気持のよい解放の場ではなくなるからである。

或る学校で、社会科の時間に、憲法では義務教育は無償とあると説明したところ、子どもたちは眼をかがやかせながら、先生それは本当か？　と質問したという。学級費を「月謝」とよんでいる子どもが少なくないように、授業をうける以上当然払うべき義務ありと思っている学級費について、払えなかったり期限におくれたり、さらには貧しい親に請求することを心の負担と感じていた子どもにとって、払う義務がないという憲法の規定は、彼らをその重荷から解放する役割を果したのである。義務教育費無償の意義は、ここにある。とくに給食費においては、それが単なる合理的な食生活や衛生観念を養うというだけでなく、食物によって人間を差別することなく、平等意識をつちかうという点で、民主教育にとってきわめて重要な意味をもつものである。

教育施設条件の問題

さらに、これと関連して、施設・設備の問題がある。いわゆるすしづめ学級では、各人のもつ能力を十二分にのばしえないということで、その限りにおいて、教育をうける権利が十分に保障されていないというだけでなく、智恵のおくれた子どもは、事実上放置されざるをえないから、そこでは、能力に恵まれた子どもは、恵まれない子どもを無視しても平気でいることができ、恵まれない子どもはひけ目を感じてオドオドするというように、優勝劣敗、弱肉強食の法則が、冷厳に貫徹しているということができる。ここでもまた民主教育は破壊されているのである。したがって、教育をうける権利を実質的に保障するためには、教育費の無償とか教育条件の整備などが考えられねばならない。その意味からすれば、憲法第九条にいう、戦争放棄と軍備禁止の条項は条件整備を可能にする規定と見ることができよう。幣原国務相はかつて第九条によって非生産的な軍備にいっさい金を使わず、専ら平和的・文化的生活の維持向上にだけ使えるという点から、外国に比して日本ははるかに有利な立場に立ち、日本の将来は希望に満ち溢れていると演説したことがある。

実際、全国千八百万人の小中学生全部に新しい教科書を提供しても一年僅か百二十億円、それに比して先年進水したアメリカの原子力潜水艦は一艦で三倍の三百六十億円、さらに現在作りつつあるロッキード戦闘機の日本側負担は、教科書代の五年分より多い七百億円である。したがって、ロッキードの生産をしなければ、今後六カ年にわたって、小中学生全部に新しい教科書を提供できるわけである。新学期、日本のすべての子どもたちが、家庭の貧しいものも豊かなものも、一様に美しい教科書を贈られて手にしたときの喜びはどうであろうか。その喜びのなかで、子どもたちは、その喜びを与えてくれた全国の父親、母親に対して心から感謝すると同時に、そうした好意にむくいるよう、立派な国民になろうと、子ども心に誓うだろう。真の愛国心というのはこのようにして育つものというべきであろう。憲法に規定された義務教育無償をも実現しようとしない政府が口にする愛国心なるものが、子どもたちに真の愛国心をつちかうであろうか。

教育の方法と内容

平和と民主主義の教育

「教育をうける権利」を実質的に保障するためには、単に教育費や条件をととのえるだけでは十分でない。教育の方法や内容が、いっそう重要である。なぜならば、教育の方法が、子どもの心理や個性、或いはその地域の特殊性を無視したつめ込み教育・おしつけ教育、劃《かく》一《いつ》教育になってしまっては、もはや教育をうける権利どころか、教育を強制されることにすぎないからである。さらに、教育をうけ能力をのばしてもらったにせよ、その能力が、その人と家族の人間らしい生活と幸福のためにはならず、一部の特権階級の利益に奉仕するのであるならば、これも教育をうける権利の名に値いしないというべきである。その意味からして、教育基本法第一条に「教育は、人格の完成をめざし、平和的な国家及び社会の形成者として、真理と正義を愛し、個人の価値をたっとび、勤労と責任を重んじ、自主的精神に充ちた心身ともに健康な国民の育成を期して行われなければならない」と規定されたのは重要である。

さらに平和主義の教育についてはやはり、第九条が注目されよう。なぜならば、戦争放棄と軍備禁止の規定によって、メキシコや戦前の日本の青少年のように軍事教育や軍隊教練を強制されることから解放されたばかりでなく、教科内容において、他民族を敵視したり、蔑視したりする必要がなくなったからである。その点からすれば、前に述べた文部省の新教育指針は重要である。そこでは、これからの新教育の仕事を、司令部から命ぜられたから仕方なしにやるというのでなく、日本をたてなおすため、みずからのなすべきこととして進んではたさねばならぬとし、「一そう大切なことは、青少年の日常生活にあらわれる態度や心持ちに立ち入って軍国主義や極端な国家主義の芽生えをのばすようなものをとり除き、平和的民主的方向の芽生えをのばすようにすることである。すなわち子どもたちから戦争をこのむ心とか、軍人に対するあこがれを取り去らねばならぬ。ぼくは軍人大好きよ、今に大きくなったなら、くんしょう下げて剣さげて、お馬にのってハイドウドウというようなあどけない歌や遊びの中に軍国主義の芽生えがふくまれているのである」といっていたからである。

学問の自由　教育の自由

このように、教育の方法と内容において、子どもの教育をうける権利を保障するためには、その教育が真理に基づいてなされねばならないことは、いうまでもない。戦前のように、国民の利益ではなく国家の利益を擁護する立場から、歴史的事実や真実を歪曲したことが、どのような不幸をもたらしたかを思うとき、学問研究、発表の自由は是非とも守っていかなければならない。教育の方針をのべた教育基本法第二条において、第一条の「目的を達成するためには学問の自由を尊重し」とのべているのは、その点で重要である。さらに、真理と虚偽を見分け、それを子どもの真理や個性、さらには地域性に即して与えるためには、何よりも教師の教育の自由が保障されねばならない。戦前の教育が上の命令どおりにおこなわれた結果、どれほど劃一的なものになり、生命なきものになったかという反省から、戦後、文部省がその指針にしたがって指導要領を出すさいにも、わざわざ「試案」という文字を入れ、その要領は、そのとおりに教育せよという命令書ではなく、教師が教育をしてゆくさいの単なるめやすであり、手引書・参考書にすぎないから、かりそめにもそれを金科玉条とは考えないようにとのべられていたのである。そして、このように教師の自由を尊重し、教育は、財界、政界、官界などの不当な支配に服することがないようにするために、組合が存在するともいえるのである。前記の指針が「政党による教育支配を排除するためにこそ教員組合の団結力が必要だ」といい、さらには当初にストライキ権まで認められていた事実を考えなおしてみるべきであろう。教育は外部からの不当な支配に服することがなくなって、はじめて直接国民に責任を負うことができるのである。教育基本法第一〇条の意味は、深く考慮されるべきである。

家庭・地域社会の問題

親の権利と義務

ところで、親は親権の内容として子どもを教育・監護する権利をもち、必要な場合は、子どもを懲戒する権利さえ持っている。そして西ドイツなど多くの国の憲法や世界人権宣言には、親は子どもの教育を選択するうえで第一次的な優先権をもつ、と規定されている。けれども、このように強い親の権利も、子どもをどのようにしようと親の勝手だという意味において、すなわち、特飲街《とくいんがい》などで働かせ、そこで修養させるのも自由だという意味において認められているのではない。子どもの幸福を保障するための後見人として発言権が認められているのである。憲法第二六条で、保護する子女に普通教育を受けさせる義務を負うのは、戦前のように、天皇や国家に対してではなく、子どもに対してであることはいうまでもない。いいかえれば、子どものもっている教育をうける権利を侵害してはならない義務、すなわち権利を保障すべき義務として存在し、その義務を履行するためにこそ、一定の権利が行使されるのである。

したがって、子どもの受けている教育が、子どもの現在と将来にとって利益となり幸福を保障する平和と民主主義の教育であるならば、それをもって、自分らの受けた時代の教育と同じではないという理由で、その公教育を拒否してはならないし、また逆の場合は、子どもの利益と幸福のために、そうした教育に反対し、拒否する当然の権利と義務があるのである。それゆえ親はＰＴＡや、教育委員の選挙を通じて、その意思を教育に反映させる努力が必要であろう。

社会教育

このように、学校と家庭でどれほど子どもを守ろうとしても、その地域社会が同調しなければ、その効果はない。そこで社会教育が必要となる。けれども、その地域社会が平和と民主主義教育を推進する環境であるためには、住民自身が自主的・民主的でなければならない。したがって、国家が補助金などの支出を通じて、社会教育活動に支配・介入することは、厳にいましめられなければならない。戦前、自主的な団体でなく、上から組織された愛国婦人会などがどのような役割を果したかを思えば、当然のことながらその自主性は守られねばならず、国家の介入は禁止さるべきである。憲法第八九条と旧社会教育法第一三条で補助金の支出を禁じたのは、そのためである。

今後の課題

このように、戦前の教育が、子どもと国民を犠牲にしたという反省から、戦後は憲法の教育をうける権利を軸として、平和と民主主義の教育が構想された。それは、戦前のように、子どもの心理と個性を無視した画一的なおしつけ教育ではなく、またそこでのばしてもらった能力を、自分や家族の犠牲において一部の人の利益をもたらしたり、人を不幸にする軍備や戦争や軍需産業で発揮する必要もなくなり、兵役も学校における軍事教練も強制されることがなくなって、日本の青少年は、自由にのびのびと教育され、平和で自由で豊かな社会と国家の建設に、若い力を十二分に発揮できるはずであった。けれども、中国における政治情勢の変化に対応するアメリカの対日政策の転換によって、まず教員の争議権が否認され、朝鮮戦争以後はＭＳＡ協定締結を機に、教員の政治活動と政治教育を制限する教育二法、さらには公選制を廃止した任命教育委員会法、勤務評定の強行実施、指導要領改定にともなう、教科書検定の強化、さらに社会教育に補助金を出せるような法改正によって、学校教育と社会教育の分野から、平和と民主主義の教育を排除し、戦前の教育体制を復活しようとする動きが活発化していることは否定できない事実である。そしてそうした傾向の最も激しいあらわれが、教育勅語の朗読から日課のはじまる山口・小森少年を育てた愛国党などの右翼団体であり、さらには、五カ条の軍人勅諭をもってしつけの基本としている郷友連（旧軍人の団体）少年部、また、天皇制絶対護持の「生長の家」学生部である。それればかりか、愛媛県の教育委員会主催で出席を強要して、おこなわれた婦人教師研修会では「もし人々が思い上って自ら国の主権者の地位を確保したかのように妄想し、天皇との関係が、昨日までとは逆転したかのように考えるならば、それは憫むべき悲劇である」という主張が講師によって公然とおこなわれる状態もあるのである。けれども他方において、学級費を強制的に徴集するのは憲法違反であり委員会や学校が特設された道徳時間を子どもに強要する権限はないなどの理由から、親たちが訴訟をおこし、また、二八名の教員定員削減などの合理化のため、十四の分校を廃止しようとする市当局の措置に対して、親たちは憲法・教育基本法・児童憲章などをたてとして、子どものしあわせと教育を守ろうとする動きもあり、そうした運動を通じて、憲法が日本の青少年の明るい未来を保障するとりでという確信が日とともに高まり強まっている事実もあるのである。私たちはあらためて、子どものしあわせと民族の未来にとって憲法がどれほど重要かを知る必要があろう。

八　憲法と労働

仕事を得る権利と働く義務

政治のウソを怒る力が憲法の労働権の内容を充実させる

資本主義社会のもとでは、お金や生産手段をもっている者は、別に働かなくても、銀行預金の利子や株式に対する利廻り或いは家賃や地代で、生活してゆくことができるが、労働力以外には、大したものを持たない者は、何か仕事にありついて、賃金で生活してゆくほかはない。換言すれば、彼は、労働力を売って生活してゆくほかはない。だから、労働力以外には生活の糧をもたない者にとっては、仕事にありつくことがいちばん大切である。

ところで、一八世紀、一九世紀の頃は、仕事にありつけないのは、身体や能力が弱いためであると思われていたが、第一次大戦前後から、人間は誰でも、平等に、人間らしい生活をする権利があり、失業者や貧乏人が多く居ることは政治が悪いためであるという思想があらわれた。とくに、戦後の敗戦国において、失業者がたくさん出てくると、それは、戦争をした国の責任であるという考え方を生みだし、国に対して職を与えよ、さもなくばパンを与えよというういわゆる「労働権」の思想が頭をもたげはじめた。労働運動も、失業者が多いと、賃上げ運動に障害となるので、失業救済を含む社会保障立法を強く要望した。

政治権力者は、これ以上失業者を放置しておくと、その権力の維持に不安を感ずるほど、その抵抗を受けたとき、そのような社会保障を提案するようになってきた。そのような動きは、第二次大戦後に、とくに、顕著になってきた。第二次大戦後のイギリスで、「揺籃《ゆりかご》から墓場まで」というスローガンが提唱されたのも、その一例である。日本国憲法も、「すべて国民は、健康で文化的な最低限度の生活を営む権利を有する」と宣言し、それを裏から、さらに「国は、すべての生活部面について、社会福祉、社会保障及び公衆衛生の向上及び増進に努めなければならない」と規定し（二五条）、このような背景から、「すべて国民は、勤労の権利を有し」と定めている（二七条一項）。

日本国憲法は、このような格調の高い言葉で、働く者を含めた国民の生存権の保障を宣言したので、職業安定法も、これを受けて、「各人に、その有する能力に適当な職業に就く機会を与える」と約束している。しかし職業安定法のそのような約束にもかかわらず、その法律に基づいておこなう職業安定所の職業のあっ旋は単なるサービスにすぎず、就職希望者がそのあっ旋によって必ず仕事にありつける法的保障をもたない。また、現在の法律は、仕事にありつけなかった者に対して、原則として、何らの保障もしない。ただ、失業保険法は、一度職を得た後にその職を離れる者に対してのみ、かなり厳格な要件を課し、しかも原則として約六カ月分の賃金の百分の六十を保障するだけで、それ以後は、何も、保障しないのである。その場合、どん底までゆけば、生活保護法で保障するというのであろう。そこで、生活保護法を読んでみると、「この法律により保障される最低限度の生活は、健康で文化的な生活水準を維持することができるものでなければならない」と規定している（三条）から、その額を調べてみると、いちばんよい方で、一人あたり、一月三千円少しという程度である。この額では、人間らしい栄養を得ることは、ほとんど不可能に近い。何というウソであろう。

このような政治のウソを埋めるものは、下層社会の人々の怒る心――権利意識である。そのような怒る心は、政治権力者をして権力を維持しようとして、彼らの不平を封ずるために、社会保障に力を注がせるのである。

いずれにせよ、働くにも職がなく、また働かなくても金利や利廻りで豊かな生活をしてゆけるところでは、働かざる者は食うべからずという思想は、観念的なものにすぎない。このような体制のもとでは、日本国憲法の勤労の義務（二七条一項）は、せいぜい、働く能力があって働く意思のない者に対しては失業保険や生活保護などの国家からの保護を与えないという内容のもの（失業保険法一六条、生活保護法四条・八条）になりさがらざるをえない。この勤労の義務が働かざる者は食うべからずというモラルを確立するためには、それを許容する政治体制の確立に待たなくてはならない。

働く最低条件

憲法の労働条件の法定は働く者も人間だという意識と平和への悲願から生まれた

賃金、労働時間などの労働条件のとりきめは、労使の取引にまかせられるのが通常であるが、資本主義体制のもとでそれを自由に放置しておくと、労働者は、労働力を資本家に売って賃金で生活する以外には方法はなくしかも労働力は一般の商品とちがって売り惜しみや保存がきかない場合、とくに、街に労働力があり余っている場合には、資本家のタタキ買いに応じ、賃金は、ベラ棒に少なく、長時間労働にならざるをえない。そこで、労働者がそのような低賃金や長時間労働にたえかねて逃げだそうとするので、資本家は、それを防止するために、暴力を使ったり（労働基準法五条）、前借金と賃金の相殺によって（同法一八条）、足止めにする。

かような封建的足止めによる低賃金や長時間労働の強行は、働く者の健康を破壊し、その人間性を否認して、物に転化する。とくに、それが年少者や婦人の場合には、次代の人的資源に大きな障害を与えることになる。

しかももっと大切なことは、このような資本家の態度と思想は、国際間の貿易の不公正競争の基盤となり、戦争を生みだす契機ともなる。第一次大戦後のヴェルサイユ平和条約は、戦争の原因の一つをこのようにとらえ、その第十三篇に国際労働規約を設け、「労働は商品でない」という原則を前提に、男女同一賃金、八時間労働などの基準を定め、各国の政府・資本家・労働者代表よりなる国際労働機関ＩＬＯをこしらえ、毎年、労働立法や労働条件について、条約や勧告を採択することにした。もとより、このような国際労働立法やＩＬＯの生成に大きな役割を演じたのは、働く者も人間であるという権利意識である。それはとくに、第一次大戦で爆発したといえる。戦争では誰もが大きな犠牲を受けるが、その中でもいちばん大きな犠牲を受けるのは、働く者である。とくに、戦争でしこたまもうけた資本家は、それだけに、寝ざめが悪い。資本家や政府が働く者も人間であるという原則を承認してきたのは、そのような背景からであろう。しかも巨大資本からみると、低賃金や長時間労働で、労働力が磨滅してしまうと、かえって、もうからないし、また、国防力も減退する可能性がある。だから、アメリカなどでも、資本主義経済が発展して、独占化の過程がはじまる段階において、労働時間の制限立法が労使の契約に介入したとき、問題となったが、それは労働力を保護するもので、公共の利益に合致し、或いは労使の実質的対等の実現に奉仕するものであるとされ、結局合憲であるという裁判が勝利を占めるにいたった。

憲法に基づく労働基準法はもう古いスタイルとなった

日本国憲法も、ヴェルサイユ平和条約と同じ精神で、平和という見地から、働く者も人間であるという思想で、「賃金、就業時間、休息その他の勤労条件に関する基準は、法律でこれを定める」と宣言した（二七条二項）。これに基づいてつくられたものの一つは、労働基準法である。

かようにして、労働基準法は、「労働条件は労働者が人たるに値する生活を営むための必要を充たすべきものでなければならない」（一条）という見地から、強制労働の禁止（五条）を前提とし、八時間労働制（三二条）、週休制（三五条）、年次有給休暇制（三九条）、産前産後の休暇・育児時間・生理休暇など、母体と育児の保護規定（七五条〜七七条）をはじめ労働条件を罰則によって保護する態度に出た。憲法に基づく労働基準法は、たしかに、労使関係の近代化と労働条件の向上に大きな役割を演じた。それだけでなく婦人の目ざましい職場進出は、家庭生活や市民社会に大きな革新をもたらしたといえるであろう。

しかし労働基準法は、全事業に適用するという進歩的な態度（八条）と引き換えに、事業ごとに、いろいろの特例を定めたために、一九一九年の第一回ＩＬＯ総会で採択された工業における労働時間制に関する条約の批准をまだしていない状態であるだけでなく労働基準法の制定以来もう一五年にもなろうとしているが、その間に、ＩＬＯ条約や勧告だけでなく世界の労働条件に関する法律は、長足の進歩をとげ、労働基準法は、いまや、古いスタイルとなってしまった。

しかも労働基準法は、賃金額については、なんらふれず、そのうえ時間外労働については、所定の手続をすれば、違法でないとしているので（三六条・三七条）、低賃金労働者は、低賃金なるがゆえに、ついに長時間労働をせざるをえない。このようにして、現在でも、日本の長時間労働は、有名である。米・ソは、もう週三五時間制を計画中であり、進んだ国は週四〇時間制を中心にしておこなわれており、一九六一年の六月には、ＩＬＯ総会で、賃金の減少をともなわない週四〇時間制の勧告をおこなうはずである。

憲法は中小企業労働者や家内労働者をみはなしている

もとより、日本でも、一九五九年に、最低賃金法が誕生したが、それは、いわゆる業者間協定が出発点である。つまり「その当事者の全部の合意による申請があったとき」はじめて、最低賃金が設定されるのである（九条）。だから、最低賃金は、経営能力の悪い中小経営が基準とならざるをえない。もっとも、最低賃金法は、一地域において、業者間協定あるいは労働協約の拡張適用制度を準備しているが（一〇条・一一条）、それに対する異議の申立てを許しており（一二条）、また、最後には、職権による最低賃金の設定を定めているが（一六条）、それは、あくまで、伝家の宝刀である。そうだとすると、最低賃金は、経営能力のいちばん悪い中小経営を基準として設定された最低賃金が中心とならざるをえない。しかも経営内容のよい中企業は、その最低賃金を理由に賃金引上げを拒むなら、それは、むしろ、賃金ストップの役割を演じないとも限らない。そのうえ、業者が集まって、組合対策をねりはじめると、むしろ、最低賃金法は、新経営者組織法という機能を果すことになる。

しかしもし就職希望者が労働条件の悪いところには就職しないとか、また、労働者が労働条件が悪ければ退職するというだけの権利意識を発揮しはじめると、業者は、こぞって、最低賃金の引きあげを企図せざるをえない。一九六〇年の終り頃から一九六一年のはじめ頃の好景気を背景に、このような風潮が多少あらわれないでもなかった。しかし最低賃金は業者間協定によらないで一律にきめるということ、また、それが労働条件の基本条件である以上労使対等で決定するという仕組みを考慮するという世界法の原則から、最低賃金法をもう一度再検討する必要がある。

とくに、日本の賃金の足を引張っているものは、中小企業労働者だけでなく家内労働者である。労働基準法は、家内労働者の大半以上に適用されない（八条但書）。最低賃金法は、その最低加工賃について規定をしているが（二〇条〜二五条）、これが現実に利用されるには、非常に多くの時間と手続を要し、ほとんど使いものにならない。だからこそ労働省当局も家内労働法の立案を計画しているのであるが、いまのところ、間に合わないし、期待はできない。だから、内職の主婦などは、いかに、長時間にわたり、或いは深夜労働にわたっても、労働基準法の保護はなく、ときにはベンゾール中毒などのひどい病気にかかっても、救済されない。

それは、結局、家内労働者の団結による加工賃の引上げによるほかはあるまい。

働く者の団結権・団体行動権

団結権・団体行動権は世界の進んだ国の働く者が闘いとった常識

日本国憲法は、労働条件の基準を法律で保障することを宣言した（二七条二項）。しかし資本主義体制は中小企業の存在も許容するたてまえであるから、その基準はおのずから最低基準とならざるをえない。労働基準法もこのことを宣言し、したがってその基準プラス・アルファの労働条件をきめるよう、労使双方に期待している（一条二項）。

ところで、労働者が賃金をあげてもらうために、ひとりで資本家と交渉しても、その成功はほとんど不可能に近い。資本家は、おそらく、いやなら、やめたまえといったけんもほろろのあいさつをするだろう。そこで、働く者が団結して、これ以下の安い値段では労働力を売らない、この値段で買ってもらいたいと交渉する。資本家の方では、ストライキを何日やられたら、どれだけ損するか、賃上げを認めたら、どれだけ損するか、ソロバンをはじいて計算する。これがストライキの経済学と呼ばれるものである。

ところが、どこの国でも、はじめはストライキはもとより労働組合をつくることも禁止していた。しかし労働者は、労働力の引揚げを背景とした団結よりほかには、労働力の価値を相手に認めさせる方法がないので、法律が禁止していても、しつこく労働組合をこしらえ、ストライキをおこなった。むしろ、これを解放した方が治安の維持が容易であり、また、労働者の絶望的な抵抗をゆるめる方が権力の維持が容易であると政治権力者をして思わせるほど、労働者階級がしつこく抵抗しつづけた後、どこの国でも、団結権や団体行動権を解放した。元来、正札をかけて、これ以下の安い値段では売らないという態度が違法でないなら、労働力をこれ以下で売らないということも、また、違法であるはずはない。

かようにして、日本国憲法も、世界の労働運動の所産を受け継いで、高らかに、「勤労者の団結する権利及び団体交渉その他の団体行動をする権利は、これを保障する」と規定した

(二八条)。従来、日本の官憲が労働運動に介入してきていたので、労働組合法は、正当な労働運動に対して官憲が介入すべきでないことを宣言する(一条二項)だけでなく使用者の労働運動に対する介入を不当労働行為として禁じた(七条)。労働組合法はさらに、労働運動の成果である労働協約に対して法規範的効力を認めた(一六条)。この面からみると、日本の団結立法は、日本の労働運動に対して従来にない手厚い保護立法だといえる。そしてまた、そのために日本の労働運動も大きく成長したといえないことはない。

仲間と仲間のチャンピオンを選ぶ権利はＩＬＯ条約と憲法で保障されている

しかし日本の団結立法は、このような手厚い保護法と引換えに、労働運動に対して、手かせ、足かせ、いろいろのブレーキをかけている。元来、誰と一緒に組合をこしらえ、誰を仲間のチャンピオンに選ぶかは、結婚の相手を誰にするかをきめる権利に劣らず、日本国憲法の基本的人権であるはずである。ところが、日本の団結立法は、法律によって非組合員の範囲をきめ、さらに公務員の場合には登録主義をとっている。一九五九年以降一九六一年にかけて、いちばん問題になったのは、職員でなければ組合員あるいは役員になることができないというういわゆるカンパニー規定(公共企業体等労働関係法四条三項、地方公営企業労働関係法五条三項)である。この規定は、明らかに、ＩＬＯ第八七号条約「結社の自由及び団結権の擁護に関する条約」の自由に代表を選ぶ権利の保障規定（三条）に違反する。ＩＬＯ理事会は、この点について日本政府に勧告したので日本政府もついにＩＬＯ第八七号条約の批准にふみきらざるをえなくなった。この点については、公務員の労働組合の取扱いについても、また、登録主義や非組合員の範囲についても、同様に、ＩＬＯ第八七号条約に違反するかどうか、検討すべきである。さらに、公務員の組合について使用者の支配介入の規定のないことなども、ＩＬＯ第八七号条約のみならず、日本がすでに批准しているＩＬＯ第九八号「団結権及び団体交渉権についての原則の適用に関する条約」を具体化していないかどうか、検討すべき点が少なくない。

ストライキ権と公共の福祉の関係は世界の進んだ国の常識で

さらに、公企体《こうきたい》職員※や公務員については、労働条件だけを団体交渉の対象としていること、公務員については、労働協約の締結能力を否認していることも、問題であるが、いちばん問題なのは、ストライキの禁止・制限である。公務員法は、ストライキの共謀、そそのかす行為、それを企てる行為を三年以下の懲役または十万円以下の罰金に処することとし、公企体関係労働法は、解雇するものと定め、そのほか公益事業の職員に対する十日前の通知義務、緊急調整制度による五十日間ストライキ禁止、スト規制法、船員のストライキ制限、協約、規約さらに条理によるストライキ制限など、ストライキ制限のムードが充満している点では、日本は珍しい国の一つであろう。

例えばフランス、イギリス、イタリー、ベルギー、カナダ（ケヴェック州を除く）では、全体の奉仕者や公共の福祉の名において、公務員や国鉄のストライキを法律で禁止していない。公務員のストライキについても、おなじことがいえるが、国鉄のストライキは、フランスやイギリスにおいては、公共の福祉に反しないが、日本においては、公共の福祉に反するといえるかどうか。日本国憲法第二八条の団結権団体行動権の内容は国際常識によって判断すべきである。

とくに、公務員のストライキの共謀などに刑罰を課することは、強制労働の疑いがある。ストライキの原型は、「働かない」ということであるが、働かなければ刑罰に処する、とくに働かないことを共謀しただけで刑罰を課するということは、働かないと監獄にいれるぞということより以上に、強制労働だといえるであろう。強制労働の禁止を定めたＩＬＯ第一〇五号条約は、「この条約を批准する国際労働機関の加盟国は、次に掲げる手段は、制裁または方法としてすべての種類の強制労働を禁止し、かつ、これを利用しないことを約束する」と述べ、「（ｃ）労働規律の手段、同盟罷業に参加したことに対する制裁」を規定しているが、この見地からも、検討すべきである。

資本主義のもとで、労働者のストライキ権を禁止して別な方法でその生存権を保障するよい仕組みがあれば、その方法がいちばんよい。しかし現在のところ、フランスでも、イギリスでも、最高度の社会科学の叡智をしぼっても、名案がない。結局は、労使対等な立場で納得ずくの話合いで解決するほかはない。ストライキを法律で禁止することは、最初から労使対等の立場を否認し、かえっていろいろの違法なトラブルを起す原因となっている。その原因が何であるかを見きわめる眼が大切である。一九五七年に、日本労働法学会の圧倒的多数の労働法学者が公労協※にスト権を与えよという態度を表明したのは、学問的な結論だけではなく国際常識からの発言でもあったのである。

※　公共企業体。日本専売公社、日本電信電話公社、日本国有鉄道の旧三社のこと。
※　公共企業体等労働組合協議会。

九　憲法と婦人

婦人の地位を保障した憲法

平和憲法を心から喜んだのは婦人だった

私たち日本人の過去の歴史は、まさに戦争の連続であったといってよいだろう。日清戦争、日露戦争、第一次世界大戦、満州事変、日中戦争、第二次世界大戦と、私たち庶民は、自分たちの意思とはなんの関係もない意思によって、戦争になげこまれ、あえいできた。

そして、日本の婦人たちは、参政権もなく家庭にあって、戸主権や親権・夫権によって、ほとんど発言権もあたえられず、ただ黙々とその苦しみや悲しみにたえてきた。子供を生み育て、生命の尊さをはだで感じとることのできる婦人たちこそは、戦後生まれた平和憲法を、心から自分たちの憲法として喜び迎え入れることができたのであった。

日本の婦人は、もう一度あの実感をよびさまし、自分たちの参政権をどのように行使しなければならないかということを、考えてみる必要があろう。もちろん過去においては、発言権を認められなかったかわりに、また責任もなかった、といえるかもしれない。しかし、参政権をもち発言権を与えられた以上、責任をまぬかれることはできない。平和を守りたいという意思を、どうやって政治の上に反映し、実現させていったらよいかということについて、責任をもって考え実行しなければならないと思う。

男女の平等の真の意味

ところで、この憲法が、戦後の婦人たちを強くひきつけたのは、「男女の平等」を大きな理想としてかかげていることだと思う。明治憲法のもとでは、法律の上で男女が差別をうけていたばかりでなく、家族制度にもとづく男尊女卑の思想によって、婦人の地位は、なにごとについてもとかくみじめな状態であった。このような差別がとりはらわれた、ということだけでも、どんなに明るい希望を婦人たちに与えたかわからない。

憲法第一四条は、「すべて国民は、法の下に平等であって、人種、信条、性別、社会的身分又は門地により、政治的、経済的又は社会的関係において、差別されない。」と規定している。この規定は、「法のもとの平等」を規定したものであり、法律の上で差別されないということを、消極的に規定したにすぎないと一般に解されているようである。しかし、婦人たちは、これが単に、法律上で差別されないということだけを意味するものとしてはうけとらなかった。もっと積極的に、女性もまた男性と同等に幸福を追求する権利があり、その幸福が保障されるものでなければならないと理解したのである。これは誤っていただろうか。いや決して誤りではないと思う。

たしかに、憲法第一四条だけをとり出せば、法律の上での差別を禁じているにすぎないかもしれない。けれども、憲法は、別に「すべて国民は、個人として尊重される。生命、自由及び幸福追求に対する国民の権利については、公共の福祉に反しない限り、立法その他の国政の上で、最大の尊重を必要とする。」（一三条）と定め、さらに「すべて国民は、健康で文化的な最低限度の生活を営む権利を有する。」（二五条）と規定している。これらの規定は、決してばらばらなものではなく、有機的な関連をもっている。とするならば、婦人たちが実感としてとらえたように、男女の平等ということは、女性もまた男性と同等に幸福になる権利が保障されていることでなければならない、ということになる。

そして、とくにここで強調しておきたいことは、差別があってはならないのは、単に男女の間だけではないということである。憲法一四条が、「人種、信条、性別、社会的身分又は門地により、政治的、経済的又は社会的関係において、差別されない。」といっているのは、いっさいの差別を禁じたそのなかの一環として、男女の差別をとりあげていることを意味している。このことは、家庭や、職場の男女の差別を婦人たちが問題にする場合、それが男女の差別だからということではなく、人間としての差別だからこれを許さないということでなければならないことを教えている。

　これまで、あまりにも男女の差別が露骨であったため、男女の差別に反対するということは、たしかにそれだけで強くアッピールする力をもつことができた。しかし、法律上の男女の差別もとりはらわれ、しだいに婦人の地位も向上してきた今日、単に男女の差別反対ということだけでは、多くの人々をひきつけることはむずかしくなるだろう。或いは、ねたみ心から、足をひっぱるものもでてくるかもしれない。このような段階にきている今日、婦人たちは、単に自分たちの問題だけをとらえるのではなく、あらゆる不平等をなくし、すべての人々が幸福になるということの運動の一環として婦人の問題を解決してゆく態度が必要だろう。

　このようにして、婦人は、一個の人間として成長してゆかなければならないのだと思う。

憲法の保障と現実

婦人はほんとうに平等になったか

　ところで、婦人たちは、さきにもふれたように、男女の平等を、単に形式的に法律の上で平等にあつかわれるというだけでなく、実質的に男女が平等になりうることを保障したものとしてこの憲法をとらえた。そして、それは正しい解釈だとものべた。

しかし、実質は、はたして平等になっただろうか。一つの例を離婚権にとってみよう。妻の姦通はただちに離婚原因になりえたのに対して、夫の場合は相手が既婚の女性でしかも告訴されて刑に処せられた場合だけという戦前の民法のような差別は、たしかになくなった。しかし、しいたげられている妻たちも、離婚後の生活の不安を考えて実際問題として、離婚をためらっている。そして、慰藉料や財産分与についても、訴訟に要する時間や多額の費用、その煩雑さ等のために、少額の涙金《なみだきん》で折れあうほかないというのが実情である。

法律の上では平等でありながら、なぜ婦人は、実質的に平等になりえないのだろうか。もちろん、これには、いまなお社会に根づよく残っている男尊女卑の思想による影響もあるだろう。しかし、根本は、なんといっても、財産の圧倒的部分を男性が所有し、女性の圧倒的部分がなんらの財産も所有していないという現実によるものではないだろうか。現在の経済や社会のしくみのもとでは、現実の問題として、財産をもっていないものが、財産をもっているものと、平等にあつかわれることはむずかしい。しかも、ほとんどの女性は、家庭をはなれては、なんらの生活手段ももちあわせていない。このような状態で、実質的な平等を望むことは、むしろ不可能に近いというべきかもしれない。

平等を実現させるための条件

では、どうしたらよいのだろうか。もちろん、根本的には、婦人も社会に出て働き、生活手段を身につけるということを考えざるをえないのだが、しかし、その場合必要なことは、自分のおかれている環境や能力等あらゆる条件を慎重に考慮することである。

現在の情況のもとでは、なかなか女性には十分な教育をうけることが許されていない。職場においても、昇進の道はとざされている。それに、結婚すれば、出産や育児の問題がある。産前産後の休暇は労働基準法に規定されていても、休暇をとればきらわれる。育児施設は完備されてはいない。すべての点において、女性が職場で働くにはあまりにも条件は不利だといってよい。このような条件をふまえて、働ける条件があるなら働き、その条件がなければあえて危険をおかすべきではないかもしれない。

夫が二万円そこその給料をもらい、子供もあるという家庭で、妻が相当の給料をとり、子供を安全にあずかってもらえるという条件もないまま、働きに出ることは、家族だけでなく自分も過重な負担を負うことになるだろう。もちろん、共かせぎでなければ生活できないという家庭では、なんとしてでも、共かせぎをなりたたせるような条件を生み出してゆかねばならない。

最近、方々の団地で、一戸を託児所に開放して保母さんをやとい、共かせぎ夫婦の子供をあずかるという方法がおこなわれているようだが、いろいろとくふうをしてゆく他方では、育児施設を完備させることを社会問題にまで高め、政治的な解決にまでもってゆくようにしなければならないと思う。

婦人の職場進出の問題

そのようななかにあって、考えねばならないのは、家庭婦人と職場の婦人とがお互いに相手の立場をほんとうに理解しあっているかどうかということである。家庭にある婦人が、共かせぎをやっている婦人を冷い目で見て、ねたんだり、家族に対してしわよせしていると批判したりすること、また逆に、共かせぎをせざるをえない婦人が、家庭にある婦人をねたんだり、楽をしているというように批判したりすることなどは、お互いに婦人の地位を高めてゆこうとする立場からいって、強く反省すべきことだと思う。

問題は、家族のものにしわよせすることなく、また自分自身に対してもむりをすることなく、婦人が社会に出て働ける条件が欠けているところにある。そうだとすれば、このような感情的な意見の対立は、ほんらいありえないことといってよい。婦人が安心して働ける条件を、作り出すという点では、家庭にある婦人にとっても決して他人ごととして見すごしてよい問題ではない。なぜなら、婦人がどしどし職場に進出してゆくことは、やがてすべての婦人が解放されることにもつながっているからである。

事実、資本主義の国で、女性の地位の高いところでは、女性労働者の数が、ひじょうに多いということが、このことを裏書している。そして、戦後、日本の婦人の地位が向上したということと、日本における婦人労働者の数が激増したということとは、決して無縁ではない。現在では、総雇用労働者千八百万人のうち、女性はその三分の一を占める六百万人に達している。これは、欧米なみということができる。それと同時に、共かせぎ夫婦も激増し、働く女性の二五％が共かせぎだといわれている。イギリスでは、既婚婦人三人につき一人は働きに出ているし、アメリカでは、女性労働者の五〇％までが、既婚者だということである。

家庭内で解決される問題と解決されぬ問題

それでは、働きに出る条件をもたない家庭婦人は、社会の進歩からとりのこされることになるのだろうか。必ずしもそうとは限らない。というのは、家庭にある不平等とかその他の多くの矛盾は、必ずしも本質的に解決できないものではなく、相互の理解によって十分解決できる性質のものだと考えられるからである。もちろん、それだけではすまない面もあるが、しかし、それらは、本質的には家族内で解決しようとしても、どうにもならない問題が多い。

例えば、扶養の問題を例にとってみよう。家族制度が廃止されたために、子は親のめんどうをみないでもよいことになった、だから親が路頭にまよわざるをえない、というようなことが、戦後によく言われてきた。しかし民法第八七七条は、明瞭に「直系血族及び兄弟姉妹は、互いに扶養をする義務がある。」と規定している。これ以上扶養義務を強化するとすれば、子供は食べなくとも、親だけには食べさせるようにせよ、と規定するほかないだろう。しかし、戦前の民法でも、そのような過酷なことは規定していなかったのである。

問題は、法律で扶養義務さえ強化すれば、老後は安心だと考える、その考え方にあると思う。子供の給料が一家を養うに十分でない場合、あとはただ、誰にしわよせするかという問題だけが残るというのでは、どうにも救いようがないと思う。これは、どうしても、家族内で解決できる問題ではなく、一家を養なえるだけの給料を何故えられないのか、という家族外の問題にうつして考えるのでなければ、どうにも解決できない性質のものではないだろうか。

ひろく社会に目をひらこう

家族内で解決できる問題と、家族内で解決できない問題とがあるということを明瞭にわけて、家族内で解決できない問題を、むりに家族内にしわよせすることをやめ、目を社会にむけるようにすべきだと思う。

いまの生活保護法では、親族扶養優先の原則と世帯単位の原則がとられている。つまり、年をとった親が働けなくなったから生活保護をうけたいと思っても、子供があれば、親族扶養優先の原則で保護を拒絶されるし、家族全部の収入をあわせても生活できないという場合でなければ、世帯単位の原則で保護はうけられないことになっている。しかしもし、年をとって働けなくなった場合、子供に収入があっても親が生活保護をうけられ、これと子供の収入とを合わせて生活できることになれば、どんなに生活は楽になるかわからない。

このようにみてくると、家族内でしわよせしあっている問題も、根本をただすと、自分の老後をささえ、家族のものを満足に養うだけの給料があたえられていないところに原因があるという場合が多いように思われる。さきに、財産分与が法律で認められていても、なかなかとれないということをのべたが、この根本原因も、やはり日本人の多くが経験している生活条件の貧しさというところに帰せられるのではなかろうか。財産分与を請求しようにも、夫に分けるべき財産がほとんどないという場合が、実に多いということも、やはりこの際考えておかねばならない問題だろう。また、例えば、夫が会社から帰って妻にあたりちらしたりする、という現象も、男女の対立・不平等という観点からだけではなく、職場における職制の有形無形の抑圧もしくは低い賃金に原因があるということも考えてみなければならない。

真の家庭生活の幸福は社会の矛盾を解決することによって

こうして、家庭生活の幸福と、夫の職場における問題とは、切っても切れない関係にあることがはっきりしてくる。つまり、家庭の幸福を築くためには、家庭の主婦も、しんけんに、職場内の民主化や賃上げの問題について考え、とりくんでゆかねばならないわけである。そして、この問題は、働く婦人が解決しなければならない問題と全く基盤が一致しているわけである。

このような意味で、家庭にある婦人も、もっと視野をひろげ、働く人々、働く人々の家庭を、どうやったらもっと幸せにすることができるかということで、職場に働く婦人といっしょに、職場の民主化、社会の民主化の問題について討議をおこなうことができるのだと思うし、また今日、そうしなければならない段階にきているのではないだろうか。そして、このような観点にみなが立つことによって、働く婦人のなやみは同時に家庭の主婦の関心事となり、家庭の主婦のなやみは同時に働く婦人の関心事ともなりうるわけで、ここにはじめて、婦人の間に強い連帯感が生まれてくる。

それでは、中小企業や農家の婦人の場合はどうだろうか。中小企業や農家の妻は、家庭の主婦としての仕事をやるばかりでなく、男といっしょに労働にしたがっている。ところが、店や工場や農地といった生産手段は夫がにぎっており、妻は夫に対して無償労働を提供し、現実には夫の扶養家族としての地位しかあたえられていない。しかし、これも根本は、家族の無償労働に支えられて、はじめてこれらの企業や仕事がなりたってゆくというところに原因がある。大企業優先の経済や社会のしくみと政策とをどう改めさせてゆくか、という問題は、またこれらの婦人がしんけんにとりくまなければならない問題といってよい。

家庭内の矛盾は、本質的には相互の理解によって解決できないような性質のものではないと、さきにのべたが、社会の矛盾をむりに家庭内でつじつまをあわせることは、それだけ社会の矛盾に対して目をつむることになる。家庭内の矛盾を家族の話しあいで解決し、できる限り家庭内の民主化をはかるということは、同時に社会の矛盾に目をひらかせ、これに対抗するために、家族はそれだけ固く結びあうことにもなってゆくと思う。

婦人の憲法に対する責任

出産や育児は私事ではない

そして、最後に強調したいことは、出産や育児という問題は、はたして、その婦人や家庭の私事としておいてよいのだろうか、という点である。例えば、働く婦人の場合を考えてみよう。労働基準法で規定されているにもかかわらず、婦人が過重な労務につかせられ、産前産後の休暇や生理休暇、或いは育児時間も、まともにとることができないといった問題は、いたるところに見かけられる。

現在、これらの規定は、一般には女性保護という見方でとらえられている。もちろん、その見方は正しいが、しかし、出産や育児は、単なる私事ではなく、社会の発展にとって欠くことのできない、社会的な意味をもっている。そうだとすれば、これらの問題は、社会の問題として、社会の責任において解決すべきことがらだということができるだろう。このような見方を発展させてゆくならば、それは単に、働く婦人の問題としてだけではなく、広く家庭にある婦人をもふくめたすべての婦人の問題となりうる。そしてこれは、さらに、すべての働く人々とその家庭の問題ともなってゆくのである。

真の婦人の権利をかちとろう

このようにして、婦人の問題は、働く者すべての問題につながり、この世の中から、人間を不幸にする経済的・社会的条件をとりのぞき、実質的な平等を実現してゆくという大きな目標のなかで、同時に解決されなければならないことがはっきりしてくる。

このことは、単に、参政権を与えるとか、議会は多数決できめるといったような形だけの民主主義では、なかなか実現できない。むしろ事実上の不平等を社会から一掃し、幸福追求の権利を最大限に実現するという実質的な民主主義の拡大と伸長でなければならない。社会の中で不平等を最も感じさせられている婦人こそは、このような実質的な民主主義を拡大する運動の良心となり、その先頭に立つべきだと思う。

このように、私たちは、この憲法に対して、実感でうけとめた解釈を、どこまでもおしとおし、これを実現させるようにしなければならない。この労力をやらないで、政府や会社やえらい人たちの解釈だけを、とおさせていることが、私たちの生活から希望を失わせ、なげやりな気持にさせているのだと思う。

私たちは、単にこの憲法を守るという消極的な態度だけではなく、私たちの信ずる民主主義を拡大し、実質的な権利を獲得してゆく運動を、力強くおしすすめようではないか。

一〇　権力と公共の福祉

権力というもの

お役人ということば

主婦同士が、ＰＴＡかなにかの会合で会ったとき、「……おたくの御主人のお勤めは？」、といった話しがでた、としよう。

「ええ、お役所づとめですの」「まアお役人さんですか……」。――一見、なんの意味もない、平凡な会話である。けれども、ちょっと注意しなければならない。会社員が、自分のつとめている会社をお会社、教師がお学校とは、まさかいうまい。だのに、役人・役所には、「お」の字をつける。このような例はいくらでもある。お上の命令とは、戦時中によく使われた言葉だし、軍歌に「ここはお国を何百里……」など、国家にまで「お」の字をつける。このような慣習は、おそらくわが国独特のものであろう。

なぜ、このように役人（官吏）や国家に、敬称をつけなければならないのか。ふしぎではないか。もし、国家というものが、私たちが、自分たちの住んでいる社会の生活をしやすくし、安全で平和なものにするため、私たちが互いに費用（税金）を出し合って維持している団体であるならば、そしてまた、もし役人がこの国家を、運転している「道具」であり、設備であるならば、どうして、敬称をつけて呼ぶ必要があるだろう。

答えはかんたんである。かれらは「権力」の持主だからである。国民は権力を畏敬する。権力とはなにか。要するにそれは、国民に対する強制力である。税金を取り立て、強制執行をし、違法・不法を探索し、刑罰を課し、建築を監督し、消防し、治安取締をするなど、このような官吏の国民に対して行使する支配的強制力が権力である。抵抗も否認も許されぬ絶対的な実力である。かくて、国民は畏敬する。

権力はおそるべきではない

いま、権力は強制力だといった。たしかに、徴税吏が徴税令書をもってきたときには、「いまは金がない」とか、「いまは払いたくない」などとはいわせない。それは圧倒的な、抵抗すべからざる、何ものよりも――例えば会社の規則よりも、宗教上の戒律よりも――優越した強制力である。

しかし、この権力に私たちが服従するのは、それが非常に強力だからではないはずである。強いから従う、というのでは野蛮そのものではないか。

権力はただの実力ではない。それは法的に正しいとされた、つまり合法的な実力だからである（ここに「暴力」とのちがいがある、といわれる）。

近代のひとびとは、自分たちの社会を、みずからの手で、よりよく運営してゆくために、議会政治を考えだした。自分らの希望を託して政治を考えてくれる者を「議員」として選出し、その議員たちはよりより会議して、法律をつくる。この法律——税法もあり警察法もある——にしたがって、別に法律で定めた係りの者（官吏）が政治をおこなう。どういう内容・目的の権力を、いかにおこなっていくか——すべて法律によらなければならない仕組みである。

つまり、権力の源といえば、間接ではあるが、国民が承認し、賛成して、いや賛成しないにせよ、国民にとって諒解ずみでできあがったもの（法）なのである。権力が合法的に行使されるということは、したがって、国民にとって迷惑なことではなく、国民の希望にそった社会が完成することである——もっといえば、望ましくも当然なことである。少なくとも、権力者を敬まったり、おそれたりする必要は、全くないはずのものである。「お」の字の必要はない。

なぜ権力をおそれるか

私たちの社会生活を合理的に運営していくため、権力が必要である。しかし、その力があまりに強いから、「私たちが便宜上作り、生んだものだから、別段おそれたり敬まったりする必要がないにもかかわらず、」ついおそれ、敬まってしまうのではないか、といった。

ではこのような、一種の先入観というか慣習は、ただそれだけのことか。そうでもない。読者諸君は、ウィリヤム・テルの話を読んだことがあるだろう。当時のスイスは、帝政オーストリヤの弾圧政治に抑えられていた。だから、この政府の命をうけた代官ゲスレルが、どんなに横暴な権力をふりまわしても黙って従わなければならない。子供の頭の上においたリンゴを矢で射てみろ、といった乱暴な命令でも、従わなくてはならなかったのである。

いや、なにも遠いスイスの話を持ち出さなくてもいい。日本の封建時代、つまり武士階級が政治をしていた時代にも、悪大名、悪代官や悪地主の話はいくらでもある。佐倉宗五郎が義人とたたえられ、(作りばなしかもしれないが) 大岡越前守が名役人といわれ、はては水戸黄門漫遊記に、喝采をあびせるのは、民衆が悪や不合理をいかに憎むかを示すものだが、片面では、その当時の政治権力が一般に、どれほど民衆の利益や幸福とかけちがったものであったかをあらわしている。権力は、支配者の一方的な、威嚇手段にしかすぎなかったのである。

誤まった権力感覚がもたらす害毒

封建時代における「権力」は、国王とか君主・大名といった支配者が、自己の支配体制を維持・存続するための強制力でしかなかった。だから、民衆からみれば、怖ろしい、理不尽な存在でしかなかった。はじめに書いたように、権力主体たる国家に「お」をつけたり、権力者たる官吏を「お役人」と呼んだりする神経は、「日本独自のものだろう」といったのは、この国が、政治を国民のものとする――ヨーロッパやアメリカが経験したような――近代革命を経なかったこと、つまりいまだに封建的な国家観や権力意識が、そのままのかたちで残存していることの証拠だといってよい。

問題は、「お」の字という敬称を使うことではない。というのは、「お」の字を使わなければすむ、ということではない。「お」の字を使うような権力感覚を根本的に考えなおさなくてはならない、ということである。

なぜなら、こういった権力感覚をもっているかぎり、民衆は、官吏が場合によっては、法の許したこと以上に、つまり不法に権力を強行しても、それを批判する目をつむり、かれらの権力行使をいよいよ無軌道なものにするおそれがあるからだ。これでは国民大衆は救われない。

私たちは、国家の権力は、権力者のためのものでなく、実は私たちに利益や幸福を実現するためのものである、と考えなおす必要がある。そして、まさに、この必要に基づき、いやでも権力を国民のために振りむかせ、権力が権力者の一存で国民の利益と反対の方向に走らないようにと、生みだされた宣言文書、これこそ「憲法」とよばれるものなのである。

権力の制限

国民を権力による被害から救う途

イギリスのすぐれた政治学者ラスキは、「すべて自由とは権力の制限を意味する」といった。

封建時代は、国民は世襲的支配者や階級的に定った支配者によって生殺与奪の権をにぎられていた。国民は、かれらの生活費の負担者にすぎなかった。これでは人間として不公平であり、不合理である。

一八世紀のおわりから一九世紀のはじめにかけてのブルジョア革命時代とよばれるものは、この不合理な封建体制を打破し、市民つまり国民一般の平等で自由な社会を作ろうとの運動であった。そして、その基本目標は、まず権力を弱めること、ついで必要な程度の権力が合理的に作用することであった。

それでは、基本目標として、なぜ権力を弱めるかといえば、これが強大であると国民が迷惑だからである。そこで権力の分散がはかられた。政治方針を立てる組織（立法機関――これのもつ権力＝立法権力）と、それを実施する組織（行政機関＝行政権力）、さらに実施を保障する組織（司法機関＝司法権力）とに分けた。いわゆる「権力分立（三権分立）主義」である。つまり、君主など特定の支配者が国民無視の専制をなしえたのは、全権力が一身に集中したためだ、との反省から生まれた原則であった。

しかし、国家が秩序ある社会生活のために必要だとすれば、国家を運営する権力（国家権力）もやはり、必要最少限にせよ、存置する必要がある。学者は、これを「必要な悪」とよんだ。

権力が国民のために働くようにするにはどうしたらよいか。ここで考えられた仕組みが、さきに書いたように、議会（立法機関）で「法律」をつくり、この国民の代表者が作った法律によって政府（行政機関）が権力を行使するとする。そうすれば、権力が国民の欲する方向に働く、いや欲しないにしても、少なくとも国民の利益に反する方向には働くはずがないわけである。学者はこれを「法律による行政」とか、さらに広く「法の支配」、「法治国家」

とよんでいる。

さて、これで私たちは安心だろうか。もはや国民は、自分たちの利益に反する政治は、権力は行使されないだろうか。

わが国の政治をみると、右のような近代的な基本方針は、明治憲法の場合とちがって、いまは、はっきり憲法で示されている。けれども、残念ながら、現実は基本方針どおりにいっていない。国論を二分した講和条約もむすばれ、無視できない反対闘争を起した教育法や警察法の改正がなされ、重税にあえぐ、一千万国民の疑問をそのまま不問にして新安保条約は、政府の都合で決定されてしまった。いまの日本国民のうち、何%が、わが国家の権力は国民の利益のために働いていると信じているだろうか。ほとんど信じる者はおるまい。これではいけない。この国は、明治時代は、役人のための国家（官僚制国家）であった。いまは国民のための国家（民主制国家）のはずなのだ。

このような目標と実際のくいちがいは、立法の問題であると同時に、もっといえば、憲法が守られていないからなのである。

自由を保障するもの——それは憲法だ

国民を権力による被害から救うみちは、権力を制限すること・法による行政だと、さきにいった。けれども、もう少しくわしくいえば、これには条件がある。その第一は、そもそもその法律が、真に国民の欲する法律として、希望どおりのものが制定されねばならない。多数党の利益、官僚の利益、金持・資本家の利益のために制定された法律では、政治権力が法律を基準にしたからとて、国民の利益や願望を達しうるはずがない。

第二は、右の問題と別に、かりに法律が国民の利益に応じて制定されていたとしても、その法律を執行する者が、つまり行政権力の執行者——具体的にいえば大臣・裁判官・国会議員・警察官・徴税吏その他の公務員たち——が、その法律にしたがわず、或いは法律の目的どおりに行動しないのでは、何にもならぬ。せっかく制定・公布された法律が、権力者に不都合だからというので、無視されたり、反対の方向に運用されたのでは、意味がない。

以上にのべたことを要約すれば、こうなる——国家の政治作用は、権力による支配作用である。そこで近代の民主国家では権力が国民の利益と反しないように、法律によって権力行使にワクをつけ、それによって権力の独走が防げる。ただし、そのためには法律は国民の利益に反しない内容のものたること。そして、法律の運用者（権力者）は法律によって拘束さるべきこと。

——この最後のところに、重大な問題がある。法律が、必ず国民の利益に反しない内容のものとして制定されるという保障ができるか。また権力者をして必ず法律を守らせるという保障ができるか。このようなむずかしい保障を誰がなしうるか。
権力の侵害や横暴から国民の自由や利益を、最後に守るものはなにか。
それは「憲法」である。

憲法における自由

権力者の憲法無視

ドイツの或る憲法学者が、近代憲法の要素は、政治権力の制限と国民の権利の保障である、といっている。しかし、私たちは考える。この二つのものは併立するのではない。国民の自由や権利を守り・確立するため（目的）に、国家権力はいかに制限されるべきかを示したものが、憲法ではないか。まさにそうである。

憲法には、国民が幸福に社会生活・国家生活をいとなむために必要な、さまざまの権利・自由を定めている。（精神的自由――思想良心の自由、言論集会の自由、宗教学問の自由など。身体の自由――奴隷的に使用されない自由、居住移転の自由、法律上の正当な手続なしに逮捕拘禁されない自由など。経済的解放――働らく権利、労働者として団結し団体行動をする自由、財産をむやみに奪われない権利など）。

これらの自由が確保されるべく、すでにふれた権力分立制や議会立法制や裁判所の違憲立法審査制が、制度的に採用されているのである。

さきに、国民の自由は憲法が保障する、といったが、憲法は、これらの国家の権力機構が法律を制定したり、それを執行したりする場合に、この自由章典たる憲法に反してはならぬ、と命じているのである（だれが、憲法をして命じさせたか？ それはいうまでもない。憲法制定者たる国民である）。

ところで、いまの日本の現実をみて、果して憲法が自由の保障になっているだろうか。立法権力や行政権力の反民主的な運用を許さぬとする保障は憲法である、といった。しかし、憲法を無視し、自由を否定するような権力に対して、私たちはどのような保障・対策を考えたらいいのであろうか。これが窮極の問題である。

政府、つまり権力者の憲法無視の例、逆にいえば自由侵奪の例は、あげればきりがない。思想学問の自由といっても、教科書の検閲制度が強化されている。軍備を禁じている憲法下で自衛隊が存在し、年々増強されている。義務教育は無償であると定められているのに、小学校でさえ、文部省の調べでは、年平均六百余円を、父兄は負担している。労働運動は、さまざまな法律によって制限されている。逮捕令状主義に反して緊急逮捕がおこなわれる。政治と宗教の分離が憲法原則なのに、伊勢神宮の国教化さえ、政府部内では考えられている。

かくして、いまの権力者たちは、「天皇又は摂政及び国務大臣、国会議員、裁判官その他の公務員は、この憲法を尊重し擁護する義務を負ふ」（九九条）という憲法に違反している。

裁判所が自由を守ってくれるか

こういう憲法現実に対する民主的な保障はないのか。

或る人はいうだろう。憲法を保障するものは、裁判所だ、と。なるほど裁判所は、その法律内容が憲法に反するかどうか、その法律の運用が憲法上の国民の自由を侵害するかどうかを決定する資格をもっている（違憲法令審査権――八一条）。そして裁判官は、このような重大な使命があればこそ、その身分を保障され、政治的・経済的圧迫が加えられぬようになっている（七六条・七八条）。

しかし、いくつかの実例のゆえに、裁判所も、憲法の最終的・決定的保障機関でないことを、私たちは知っている。

最近の飯守事件をみても、砂川事件における田中裁判長の発言をみても、すべての裁判官が必ずしも中立・公正な見解のもちぬしでないことがしられる。多くのひとびとやマスコミが批判したように、かれらが、社会主義思想に一種の偏見をいだいていることはたしかである。三鷹事件において八対七というわずか一票の差で、一被告を死刑にした、という例は、いまここではあつかわないが、戦後十四年間に数多く提起された多くの違憲性を争った裁判のうち、ほとんど全部が合憲判決をされている。しかもその合憲理由の多くが、「公共の福祉」のため、自由が制限されるのは当然であるとするものである。死刑制度も、尊属殺規定も、ストの禁止も、公務員の政治活動の禁止も、その不当解雇も、行進・集会の一般的許可制（公安条例）も、すべて、公共の福祉のために合憲であるとされているのである。

公共の福祉と権力との関係

「公共の福祉」とは、国民みんなの幸福ということである。その具体的内容は、実は憲法のなかに規定されている自由・権利である。権力が制限されることによって、初めて実現される自由こそ、わが憲法のいう「公共の福祉」でなければならぬ。

保守政党が社会主義を、革新政党が反動主義を、排撃するのは当然であろう。しかし、この政党のいずれかが政治権力を握ったとき、相容れない思想を、何らかの理由で権力をもって禁止したり、制止したりすることがあれば、それこそ「公共の福祉」に反する振舞いといわなければならない。なぜなら、いずれの政策・思想を正しいとするかは、言論・思想の自由を保障された国民の判断にまつべきだから。そして一つの思想を権力によって封ずるということは、とりもなおさず、この自由（公共の福祉）の重大な侵害なのであるから。

公共の福祉は、政治権力者にとっての福祉ではない。国民の共同の福祉でなければならないのである。

いままでの裁判所の、「公共」の判断は、その意味で、多くの違憲裁判については、権力の福祉、ないし政府の福祉でありがちだったといえる。これは、裁判官も所詮政府によって任命される司法権力という名の権力をになう者である以上、やむをえないことかもしれない。

ただ少なくとも、以上のことからいいうるのは、裁判所（官）さえも、憲法の決定的保障者・番人たりえぬ、ということである。

では、憲法を保障するものはだれか。

自由をまもるもの

国民の不断の努力こそ自由を守る

いま、私は、日本の憲法政治について、悲観的にかきすぎたようである。しかし悲観的なのは権力の側についてであって、国民生活のなかには、次第に強く、ひろく生き育ったことをみとめないわけにいかない。とくに婦人の社会的地位の向上や、家族生活における妻の地位をみよ。新安保の請願運動ひとつをみても、結局、新安保は成立したという結果で論じてはいけないであろう。わずか十五年前まで政府のやり方には黙従のみであった国民を考えるとき、堂々と意思表示をしないではいられないという成長をとげたのである。これを、憲法の生きているすがたとみないで、どこに憲法をみよう。この成長は、やがてつみかさねられて、明るい国家ができる。愛国心といわれるものが、国の幸福な、明るい発展に奉仕する精神だとすれば、憲法を生かし、身につけることこそ、愛国でなければならぬ。

そして、それゆえに、憲法を無視する権力は、断じて許してはなるまい。憲法を守らせねばならぬ。しかし、よし憲法第九九条で、権力を担う者は憲法を守るべし、擁護すべしと定めてあったにせよ、考えてみれば、それは無理な注文かもしれない。なぜなら、なんども書いたように、憲法は国民の利益に味方し、権力者を、できるだけ抑えつけようとする規定だからである。極端な云い廻しをつかえば、権力にとっては、憲法は敵である。「邪魔者は殺せ」であろう。とすれば、政府に、憲法擁護を期待することが、どだいムリなのである。では、だれが憲法を擁護し、憲法の、民主的理想を実現してゆくのか。きまっている。それは「国民」自身なのである。「法は権利の上に眠れる者を保護せず」という、古い諺がある。憲法が私たちに保障する利益・自由・権利は、私たち国民の手で守っていかなければならない。先人は教えた――自由は与えられるものでなく獲得するものなのである。この努力こそ、憲法を保障する最後のものである。日本国憲法は、いみじくも規定している——「この憲法が国民に保障する自由および権利は、国民の不断の努力によって、これを保持しなければならない……」（一二条）。ここには「政府」ということばは、見当らない。

二　選挙と議会

民主主義と国民の参政権

独裁制の恐怖

或る特定の人が国政をほしいままに支配する政治形態を独裁制という。そこでは、国民は、政治に参加する権利を認められず、かえって支配者のいうがままに行動することを強制される。かような独裁制の恐ろしさは、遠い過去にさかのぼらないでも、手近ないくつかの例で明らかなところである。最近公開された映画「十三階段への道」や映画「わが闘争」を見た人は多いと思うが、恐らく誰でもあのような残虐な記録を正視するに堪えなかったであろう。あの映画には、独裁者ヒトラーの犯した地上最大の犯罪が記録されている。罪もない多数のユダヤ人を虐殺した事実は、この世の出来事とはおもえないほど非道きわまるものであった。独裁者ヒトラーが犯した悪事はそれだけではない。かれは、自分に反抗する人たちはもとより、批判を加えるおそれのある人たちまでも、不法の暴力を用いて殺害し、または悪法にしたがって処刑したのであった。

ナチスの独裁時代には、国民は、国政に参加する権利をもたず、批判を加える自由さえ奪われていた。そして非情な独裁者は、ドイツを戦争に駆り立て、国民を地獄の底に突きおとしたのであった。いま、ドイツ人に対してナチスの独裁をどう思うかと尋ねると、誰でも顔をしかめて、もう二度とあのような政府の出現を許してはならないと答える。私たちが独裁者の圧制のもとに苦しむことのないようにするためには、私たち自身が国政の主人公とならなければならないのだ。

わが国についても、全く同じようなことがいえる。明治憲法のもとで、わずかながら認められていた国民の自由や権利は、軍閥や官僚の圧制により無残にも踏みにじられた。程度の相違はあれ、独裁制の恐怖は誰もが味わったはずである。日本国憲法は、こうした国民の苦しみと尊い犠牲の中から生まれ出たものであった。私たちは、このことを忘れてはならない。

現在、わが国で民主主義を真正面から否認しようとしている者は少ない、ということはできるだろう。けれども、よく観察してみると、憲法の民主主義の原理を後退させようとする勢力がしだいに頭をもたげつつあることもまた、事実である。戦前にわが国政を指導していた連中にとっては、「夢よもう一度」という下心がある。また「のども過ぎれば熱さを忘れる」のたとえのとおり、被害者たる国民も、しだいに昔の苦しさを忘れてくる。そこに野心家の乗ずる隙がある。ことにわが国民は、民主主義に馴れず、またかつての戦争責任者に国政をゆだねたりするほど健忘症にかかっているから、危険性はきわめて濃いといわなければならない。

議会制民主主義は、今日いろいろな意味で危機にあるといわれている。しかし、私たちが議会制民主主義の現状に失望して無関心の状態に陥るならば、独裁者の出現をうながすこととなろう。私たちは、このことを十分に警戒しなければならない。

民主主義とは

さて、民主主義というのは、一口にいえば、「人民の、人民による、人民のための政治」である。それは、一方的に他人によって支配される政治と真向から対立する。いまかりに一人の強力なボスが出現して、或る団体を支配しようとしたとする。人智の余り発達していない昔の人々であればともかく、現代人にとっては、かようなボスによる専制支配に甘んじて服することはできないだろう。私たちは、ボスを追放して、私たち自身による政治を実現しようとするにちがいない。それが民主主義というものである。治者と被治者とを区別しないで、被治者がすなわち治者というのが、民主主義である。

或る団体の構成員が、すべてその団体の重要事項の決定に参加するということは、規模の小さい団体であれば可能である。実際にその例もある。けれども、日本国のような大きな団体について、右のような直接民主制をおこなうことはできない。そこで、仕方がないから、国民は一定数の代表者を選んで、その代表者に重要事項を決めさせることとする。これが、いわゆる間接民主制である。

国民はいかにして政治に参加するか

右に述べたように、間接民主制のもとでは、国民はみずから政治上の重要事項を決定するのではなく、代表者を選挙するのである。したがって、国民の政治に参加する方法の第一に、選挙をあげておかなければならない。

けれども、選挙権さえ認められていれば、それだけで民主主義が実現しているといえるであろうか。投票するときだけ主人公で、あとは下僕になりさがるというのでは、甚だ国民を馬鹿にした考えではないか。例をあげて考えてみよう。かりに、諸君が労働組合や学生自治会の一員として、代議員や自治委員を選挙したとする。選ばれた代議員たちが規約にしたがい、総員のためにその職責をつくしているときは、別段問題はおこらない。だが、もしかれらが規約を踏みにじり勝手気ままなことをしたとすれば、諸君は黙ってはいないであろう。

代表者をして総員の利益のために行動させるためには、一人々々の構成員が、団体の行動について関心をもち、批判を加え、正しい共通意見の形成に参加するようにつとめなければならないのである。

しからば選挙のほかにどういう方法があるかということになるが、これについてはあとにゆずり、まず選挙について考えていくことにしよう。

選挙の意味と現実

選挙は、国民がみずからの代表者を選ぶ行為である。もし選挙が適正におこなわれなければ、民主主義は根底からくつがえることとなる。例えば、かつて一定の金額以上を納税する者のみに選挙権を与えたことがある。このような制度のもとでは、議員は有産者の意思を代表するではあろうが、多数の無産者の意思が全く無視されてしまうことは明らかであろう。また、かつて婦人には参政権が与えられていなかったが、これなどもいわれなき差別で、とうてい個人の尊厳を重んずる民主主義と相いれるものではない。世界各国の選挙制度は、制限選挙から普通選挙へと発展してきたが、まことに当然のことであって、わが憲法でも第一五条や第四四条でこれを明らかにしている。

議会制民主主義が正しく運営されていくためには、何よりもまず、国民の代表者たるに値いする人物が正しい手続で選ばれ、議会の意思決定が民意の表現といいうる基礎をもつものでなければならない。もし、これが何らかの理由によってゆがめられ、その結果、議会の意思決定が多数国民の意思の反映と認められないようなものであるならば、その国の議会制の基礎は脆弱であるといわなければならない。ところで、現在わが国で、選挙は、果して公正におこなわれているであろうか。その制度は合理的なものといえるであろうか。国民は選挙にどれほどの信頼をよせているであろうか。

これらの問題に深く立ち入る余裕はない。選挙の理論と実態については、小林直樹・篠原一・杣正夫氏の「選挙」（岩波新書）という良書があらわれているから、読者が同書について研究されることを希望する。ここでは、二、三の問題を指摘するにとどめておこう。

まず、各選挙区の議員定数と人口との不均衡をあげておきたい。現在の定数は、昭和二十一年の国勢調査を基礎としてできているが、その後、人口の構成はいちじるしく変化してきている。そこで都市の有権者が地方の有権者よりも甚だしく軽くあつかわれることとなり、選挙の結果に大きな影響を及ぼしていることを否むことができない。もし、議員定数の更正が正しくおこなわれれば、保守・革新の勢力に大きな変動をもたらすこととなるだろう。

次に、小選挙区制を採用することの是非が問題となっている。小選挙区制を採用すると、各選挙区で他候補者より一票でも多くの票をえた候補者が当選することとなる。この方法は二大政党の対立をうながし、政局の安定に資する等の利点があるといわれているけれども、これをうのみにすることは危険である。いまかりに小選挙区制を採用すれば、おそらく保守政党の大勝に帰し、革新政党に投じられた票の大半は死票となってしまうにちがいない。国民の意見をゆがめて議会に反映させることは、かりに一時の政局の安定がえられるとしても、国民の議会に対する信頼が失われることから考えて、決して得策ではないし、正しい選挙の方法とはいえないと思う。

ところで、選挙のたびごとに私たちを悲しませるのは、選挙の腐敗である。おびただしい札ビラをきって当選した議員は、ヒモつきの選挙資金を返済するために、多くの利権をあさるようになる。また政治資金を供与した大企業には、国民の血と汗からしぼりとった税金の頭をはねて巨額の利権がころがりこむこととなるのである。

民意に基づいてきれいな政治がおこなわれるようにするために、公正にして合理的な選挙が実現するようにしようではないか。

議会制における若干の問題

国民代表ということの意味

議会は国民代表であるということがよくいわれる。間接民主制における議会の地位をあらわすものとして、一応もっとものようにみえるが、よく考えてみると問題がある。絶対君主制から立憲君主制に移った時代には、国民代表の観念は、立派な役割を担っていたことはたしかである。すなわち、国家を代表する君主に対して、国民の代表者としての議会が対立する構造をとっていたのであるから、君主の権力を抑え民主主義の要請を満たそうとする意味をもっていた。

ところが、わが憲法のように、すでに天皇は国政に関する権能を有しないということになると、議会が国民代表であるということのもつ意味が変ってくる。すなわち、議会は、もはや君主に対して国民を代表するものではなく、かえって自己を選んだ選挙人に対し国民を代表することを主張することとなる。いいかえると、国民代表の観念を用いることにより、議会を選挙人の上位におき、議会の行為を常に正当化することとなり、民意を無視する危険を生ずるのである。例えば、国の運命を左右するような条約や、人権侵害の疑いの濃い法律案などの審議にさいして、多数の国民から反対の声があがったとする。安保問題のとき千万を超える反対の請願が寄せられ、ほとんどすべての言論機関が政府与党の反省を求めていたことを考えていただきたい。ここで、「国民代表」の論理を用いるならば、国民の反対の声がいかに強かろうと、議会は国民代表であるから、どのような決定をしようとも、これによって国民の意思決定があったこととなるわけである。それでは、かえって民主主義の本旨に反するというべきではなかろうか。議会の決定は、実質的に民意を表現するものでなければならないのである。

多数決によれば何でもできるか

右に述べたことはきわめて重要なことであるから、さらに別の観点から考えてみよう。民主主義は、多数決をその方式としている。これを議会についていうなら、議員の多数の同意をもって議会の決定とするのである。多数者の決定にしたがうということは、民主主義の基本的な公式であるから、私たちはこれを尊重しなければならない。

ところで、それでは、多数決によればどんなことをきめてもよいといえるであろうか。結論からいうと、多数決であっても乗り越えることのできない限界があるのである。

このことをわかりやすく説明するために、極端な例をあげてみよう。かりに、「犬を殺した者は死刑に処する」とか、「七〇歳以上の老人は島流しにする」というようなことを定めた法律が多数決で成立したとしても、誰もそのような悪法を承認しようとはしないであろう。

多数決であろうと、できることとできないことがあることを忘れてはいけない。その限界をもう少しはっきりさせよう。まず憲法は、国家権力に多くの制約を加え人民の権利と自由を保障している。憲法第三章に定める人権の規定は、議会の多数決によっても否認できないところである。前にあげた犬殺し死刑や老人島流しのごときは、この点からみて、多数決であろうと決定できないことである。次に憲法は、平和主義を採用し、戦力の保持を禁じ戦争を放棄している。したがって、いかに多数であろうとも、徴兵制を採用したり戦争を認めたりすることは許されないのである。

多数決によれば何でもできるという誤まった考えが、例の強行採決のような乱暴な方法を敢行させることとなる。こうしたことが起らないようにするために、次に少数意見の尊重ということを考えたい。

少数意見の尊重について

多数決原理ということと少数意見の尊重ということは、一見すると矛盾するようにみえる。そこでこの点を少し掘り下げて検討しよう。

もし単純な多数決原理ですべてを簡単に割り切ってしまうというのであれば、与党の主張は常に可決され、野党のそれは否決される。それでは、与党は万能で、野党は全く無力ということになり、議会で審議を重ねるまでもないということになろう。しかし、これは正しい民主主義の運営ではない。

民意に基づく政治を実現するためには、与党も野党も議案の審議に参加してそれぞれの主張を明らかにし、これを国民の判断に供しなければならない。国民は、これに対して、さまざまの反応を示すことであろう。与党といえども自己の主張のみを固執しないで、さまざまの立場を考慮して共通意見の形成に努力すべきである。

もちろん、共通意見ができあがらないときは、最終的には多数決で決定されることとはなるが、右に述べた努力が十分に払われなければ、民主的な審議がおこなわれたとはいえないのである。少数意見を無視するような運営をすることは、議会制民主主義を破綻に導くものであることを忘れてはならない。

議会制民主主義を守るために

議会制がうまく働かないとき

議会制が正しく運営されているときはよいが、これがいろいろ故障を生ずることがある。大空を飛ぶ飛行機でも機械が故障すれば墜落する。私たちは、議会制がうまく働いているかどうかについて、たえず注意を払っていなければならない。

ところで最も重大な故障は、議会が一般国民から遊離してしまった場合におこる。議会の決定が国民の意思を反映しないということになると、民主主義の要請は踏みにじられる。そして、国民の議会に対する信頼が失われれば、議会制そのものが憂慮すべき状態に陥ったと考えてよい。

原因はどこにあるか

こうした議会制の故障は、いろいろの原因からおこるものであって、いちがいに断定はできない。例えば、選挙の腐敗、国民の政治意識の低いこと、その他さまざまな政治的・経済的・社会的原因から、故障が生ずるのである。

昨年の安保問題をめぐってひきおこされた一連の事態は、まさにわが国の議会制民主主義の危機というべきものであった。したがって、とくにこの事件についての原因を探究してみよう。あの強行採決をめぐって、すでに多くの論議がなされた。岸一派の者にいわせると、議事妨害をした社会党にその責任があるという。果してそうであろうか。また、自民党の強行採決もいけないが、社会党の議事妨害もいけないという喧嘩両成敗論もあるが、どうも問題の核心にふれていないようにおもわれる。

安保問題をめぐる騒動は、大まかにいって二つの原因がある。その第一は、政府与党が民主主義のルールそのものを無視したことである。自分たちの主張が絶対正しいとして、国民のたかまる不安や少数党の審議要求を無視して強行採決をしたことがそれである。その第二は、憲法という最高規範を無視ないし軽視しようとした岸一派の行動に対する反撃である。だから、あの事件の真の原因は、社会党の坐り込みというようなものに求めるべきではなく、むしろ、憲法の平和主義の理想を軽視し、民主主義のルールを無視した政府与党に責任があるといわなければならない。

議会制民主主義を守るもの

議会制が正しく働いているといえるためには、議会が一般国民の意思を反映する機能を果していなければならない。議会と国民との間の連鎖が切れているようなものであってはならない。そのためには、次のような条件が満たされていることが必要である。すなわち、第一に、言論の自由、集会の自由のような諸自由が確保されていなければならない。言いたいことが自由に言えないところで議会制民主主義は育たない。第二に、選挙が公正かつ合理的におこなわれ、民意を正しく反映するものであることを必要とする。第三に、国民の政治に対する関心が深く、そのモラルの水準が高くなければならない。

さて、ここで院外における大衆行動の意義についてのべておこう。人によっては、大衆行動が民主主義に反すると考えている向きもあるが、そう簡単に片づけてはならない。たしかに、些細な問題であれば別段大衆行動の是非を論議するまでもない。けれども、民主主義の死活に関するような問題が生じたときには、ここにいう院外の大衆行動が民主主義を守る役割を果すこととなるのである。

安保問題について、男も、女も、学生も、労働者も、力強く請願をつづけた。あのさいの請願は、平和と民主主義を守ろうとする国民大衆の能動的な意思表示であった。民主主義がわが国に根をおろしてわずかに十数年であるが、議会制民主主義を守り平和を維持しようという国民の声があれほど高まったことは、私たちに明るい希望を与えるものであった。

なお、ここで私は、特に大衆行動における自制ということについて一言しておきたい。大衆行動の性質上、それにはかなりの危険が内在している。すなわち、一般の参加者がいかに良識と誠意とをもっていたとしても、一部の煽動家がこうした大衆行動を利用しようとする危険をはらんでいることを否定できない。そしてひとたび逸脱した行動があれば、弾圧の口実が生まれてくる。それればかりか、一部右翼団体の挑発ということも考えておかなければならない。したがって、大衆行動をするにあたっては、これらの煽動分子や挑発者の活動に極力警戒を払わなければならないのである。

国民の責務

憲法改正への動きが活潑となるにつれて、護憲派と改憲派との対立は、ようやく深刻となろうとしている。私たちは、この憲法が絶対であるというのではないが、この憲法の原理をゆがめ後退させようとする改正には、極力反対する。私たちは、平和と民主主義の憲法を完全に実施することを主張する。この憲法を改悪することは、私たち、そして私たちの子孫に禍いをもたらすものであることを忘れてはならない。民主主義を守るものは結局一人一人の国民の決意であることを、しっかりと心に刻んでおこうではないか。

一二　憲法と裁判

裁判と国民

裁判の問題は他人ごとではない

裁判というと、何か私たちの生活から遠くにあるもの、自分とは縁のない他人ごとのもののようにおもいがちである。実際、大部分の国民は、おそらく裁判所の門をくぐらないで、一生をおわってしまうであろう。また、ほとんどの人は、まさかわが身が裁判に巻き込まれようとは夢にも考えないものである。だから、新聞で裁判の記事を見ても、よほど面白そうでないと読まないし、また関心があって読んだとしても、他人ごとだから「茶のみ話し」の種にするくらいが関の山である。

あれだけ世間をさわがせた松川事件の場合であってさえ、国民のうちの何%が、それを自分たちの問題として考えたであろうか？

松川事件は事件そのものが奇々怪々な事件であるだけに、推理小説のような興味をいだかせ、週刊誌がとりあげたように、被告は黒か白かという形での関心をずいぶんとかきたたせた。しかし、そういう関心は、やはり、他人ごとについての関心にすぎない。こうして松川判決のニュースは、わが身の生活と関係のない単なるニュースとして受けとられてゆく。だから、人々は茶の間でご飯でも食べながら、なごやかに松川判決のニュースを聞き、テレビを見ることができる。そして、そのときには何らかの感想をもったとしても、それは次のニュースで打ちけされ、やがて忙しい生活のなかで忘れられてゆく。ちょうど巨人軍や若乃花が敗けたニュースがそうであるように。これでは、裁判は、いつまでたっても、私たちの生活のなかに入ってこないし、したがって、私たち自身の問題とはならない。

憲法は裁判をわが身の問題として考えることを求めている

裁判が、私たち自身の問題にならないかぎり、裁判をよくしてやろうなどという意欲もでてくるわけはない。だれも自分のこと以外にかかずらう余裕はないからである。そこで（これは憲法全体についていえることでもあるが）、読者のみなさんも、もし裁判のことをまじめに考えるならば、それを、我が身の問題として考えなおすということが、はじめであり、おわりでもある。裁判を、ひとごととして眺めるのでなく、わが身の問題としてとりあげるというようになれれば、あなたは、憲法を十分に理解したというべきである。なぜなら、今日の憲法の裁判制度は、それをあなたに要求しているからである。裁判を自分の問題として受けとめるとはどういうことなのか、どうしたらそうなれるか、またそうなることを邪魔しているものは何か。こういった問題を何よりも私たちは、まじめに考えていかなければならない。これから私ののべるところも、それが、こういった問題を考える一つのきっかけとなれば幸いであるとおもっているのである。

国民の裁判への参加

おかみの裁きをうけるのではない

裁判がこれまで国民にとってなかなか自分の問題とならなかった、ということとは、日本の社会のなかに、それなりの理由がある。もともと、裁判ということばから私たちのうける感じは、「裁きを受ける」という感じである。「裁きを受ける」というのは、「天の裁きを受ける」とか「神の裁きを受ける」とかいうように、自分たちの手のとどかないえらいえらいものに自分の運命をすっかりゆだねて、その命令に絶対服従するという意味のことばである。そして実際に、日本の裁判についての伝統的な考え方は、このようなものであった。例えば、小説や講談によく出てくる徳川時代の「お白洲裁判」は、そうであった。人民は「おそれながら申し上げたてまつり候」と、おそるおそるお上の裁きを仰ぐ。映画を見ても、お白洲にひきずりだされた人民は、頭を垂れ手をあわせてひざまずき、奉行は、一段と高いところで人民を足下において裁きをおこなうという場面がよく出てくる。まさに、文字どおり、おえらがたの裁きを受けているというにふさわしい場面である。

読者のみなさんは、そんな古い話しは講談や映画のうえでのことで、いまの裁判に関係ないとおもわれるかもしれない。しかし、決してそうではない。日本の裁判についての伝統的な考え方は、こういう過去の歴史のなかに最もはっきりした形で存在している。そして裁判とは、えらい人のお裁きを受けることだという封建時代の考えは、近代に入ってからも、明治憲法のもとで、ひきつがれた。お上が将軍家や大名から天皇にかわっただけで、お上の裁きを受けるということ自体はかわらなかった。明治憲法下の裁判は、天皇の裁判官が天皇の名において人民を裁くという性質のものであった。当時の天皇は神であったから、天皇の名においておこなうお上の裁判は、神の裁きを受けるのとおなじであり、人民は、おそれかしこんで、その裁きに服さなければならないと教えこまれてきたのである。こうして、つい十数年まえまで、日本の裁判は、映画に出てくるちょんまげ時代のお白洲裁判と、形はちがっても精神は似たりよったりであったといえよう。

欧米では民衆が裁判に参加する

ながい日本の歴史をふりかえって、日本には、民衆がみずから裁判に参加するという伝統がなかったことを、私たちは痛感する。裁判が、お上の裁きを受けるものとして考えられているかぎり、それは、民衆の手のとどかない雲のうえの存在にすぎない。このような社会では、民衆が裁判を自分の問題として考え、積極的にこれに取りくむ意欲がわかなかったとしても、ふしぎではない。これを、例えば欧米における陪審制とくらべてみれば、裁判の考え方がどんなにちがうかよくわかる。もちろん、陪審制にも多くの欠陥があるから、それをむやみにまねる必要はない。しかし、ともかくも、かの国には、裁判とは、民衆がおたがいに仲間を裁くのだという民主主義の思想がある。肉屋のおじさんでも魚屋のおくさんでも、陪審の一人として彼らは裁判に参加する。その意味では、市民の一人一人が隣人に対して裁判官でありうるのだ。こういう制度のもとでは、裁判は、民衆にとって「あなたまかせ」の問題ではなく、まさに民衆自身の問題であるのである。裁判の愚劣は民衆の愚劣を意味するし、裁判の正しさは民衆の正しさを意味する。よかれあしかれ、裁判に対し、民衆は自分の問題として、これを、或いは恥じ、或いは誇ることができる。

裁判というものは、一部のおえらがたが独占するものでなく、民衆の一人一人が裁判官になったつもりで、これに積極的に参加し、主体的につくりあげてゆくものである、という考え方こそ、民主主義の思想であろう。社会主義の国でも、欧米の陪審制とはちがった形で、民衆の裁判への積極的参加が重要視されている。ひところ、「人民裁判」ということばがはやった。日本で紹介された例には、ずいぶん、どぎついものもあって、不愉快を感じた人もいたようだが、社会主義国における人民裁判も、その根本の精神が、民衆の裁判への参加という民主主義にあることはまちがいない。その精神の徹底さという点では、それは、むしろ、陪審制をうわまわってさえいる。

憲法と裁判

国民は裁判に対し責任をもっている

日本国憲法は、今日の世界に共通なこの民主主義的裁判思想を、日本の国はじまって以来、はじめて取りいれたという点で、文字どおり画期的な意味をもっている。国民主権の原則のもとで、裁判は、国民の手の届かないお上の裁判から、国民の参加する裁判へとかわったのである。もちろん、制度のうえでは、陪審制や人民裁判のように直接国民が裁判に参加するかたちはとっていない。むしろ職業的裁判官が裁判をおこなうという従来のかたちがとられている。しかし、今日の裁判は、「国民の厳粛な信託によるものであって、その権威は国民に由来」（前文）するのであるから、もはや、お上の裁判ではない。裁判官は「国民の代表者」（前文）として裁判をおこなうのである。つまり、裁判とは、国民が、えらい人に裁いてもらうことではなく、国民みずからが仲間の国民を裁くことであるというたてまえが憲法ではとられている。国民は単に裁判を受けるのではなく、主権者としては裁判をする側にたっているのである。このことを理解することが最も大切である。

裁判を受けるということだけならば、他人の裁判に対して、これをよそごととして傍観することもできる。しかし、裁判は国民みずからがその代表者をつうじておこなうものであるというたてまえを理解するならば、その善し悪しは、つまるところ国民の責任である。国民の信託をうけた裁判官が、国民の名でまちがった判決をし、無実の人を死刑にしたならば、私たち国民がみずからの手で仲間を殺したも同然である。これはもはや、他人ごとではない。かわいそうだというようなヒューマニズムの問題でさえない。わが身が殺人者としての汚名をきせられるかどうかの問題である。どうして、無関心でありえよう。裁判を受ける立場から裁判をする立場へと、この百八十度の転換を国民の一人一人が心の中にしっかりと刻みつけておかなければ、憲法の条文をいくら暗記しても、憲法は死文にひとしい。

裁判官を国民の眼で審査し監視せよ

たてまえとしては、国民みずからが隣人を裁くことになっていても、実際にみんなが裁判に参加するわけにはゆかないから、国民は税金の一部で職業的裁判官をやとって、かれらに裁判の事務を信託しているのである。この任命は、代議士のように国民みずからがえらぶやり方も考えられるが、それもむずかしいので、内閣が任命することになっている（七九条一項・八〇条一項）。しかし、そのかわり、例の国民審査制度があって、国民は、裁判官を罷免することができる（七九条二項・三項・四項）。この制度は、国民がみずから裁判をおこなうものであるという憲法の精神を最もはっきりとりいれているので、とくに重要である。今度憲法を改正するとき、国民審査を廃止しようという意見も一部にあるようだが、これは、とんでもないことである。これがあるからこそ、国民は、国民の名において悪い判決をした裁判官をやめさせ、それによって同時に、主権者としてのみずからの責任をはたすみちがひらかれているのである。たしかに、まだ国民審査の思想は国民のなかに普及はしていない。裁判は国民がするものだという憲法の精神がつかめず、裁判はわからないのがあたりまえときめこんでいる国民の側にも問題はある。しかし、いっそう問題なのは、いまの国民審査のやり方である。わけのわからない公報以外に、何ら判断の資料もしめさず、わからなければ信任にしておけという不親切なやり方をあらためるのが先決であろう。

国民の裁判への参加という点で、もう一つ重要なのは、裁判公開の原則である（八二条）。裁判を公開するということは、裁判を受ける身としても、もちろんきわめて重要なことである。しかし、それは、裁判が主権者たる国民の眼にあきらかなかたちで、つねに国民の批判に服しておこなわれる、という点に、いっそう重要な意味をもっている。国民は、もちろん、直接に事件にタッチするわけではないけれども、裁判官が、自分たちの代表者にふさわしい判決をするかどうか監視することによって、裁判に参加するのである。このために、法廷や判決が公開されることは、どうしても必要である。国民は裁判の内容を知る権利があるということは、いまではあたりまえのようだが、それがどんなに大切であるかは、旧憲法のもとでの秘密裁判がどんなにでたらめであったかをおもいおこすだけで十分である。

争いの法的解釈

あきらめと泣寝入りをやめるのが第一歩

日本の国民が裁判にしたしまなかったということには、またもっと別の理由がある。それは、日本の社会には、争いを法で解決するという伝統があまりなかったということである。

そもそも争いの法的解決とはどういうことなのだろう。一般的にいって、争いの解決のしかたには、いろいろの仕方がある。例えば、子供のけんかでも夫婦のけんかでも考えてみればいい。まず第一に、どちらかがあきらめ、泣き寝入りするという形で解決する場合がある。第二に、実力をふるって、実力の弱い者が強い者に屈服するという形で解決する場合がある。第三に、例えば子供のけんかなら親とか、夫婦のけんかなら仲人とか、第三者に解決を一任するという場合がある。この場合には、その第三者の「人間」を信用して、その人の個人的判断にすべてまかせてしまうことになる。第四に、おなじ第三者に解決をゆだねるとしても、その人の個人的判断にまかせるのでなく、あらかじめ一定のルールをきめておいて、そのルールにしたがって解決するという場合がある。

右にのべた四つの解決の仕方のうち、第四のものがいちばん合理的であることを、人間は経験によってまなぶようになった。子供のけんかでも夫婦げんかでもそうだが、一般の社会的紛争についてもまた同様である。こうして紛争の法的処理ということが全国家的規模でとりいれられることになったのである。ところが、日本では、争いはほかの仕方で解決されることが多かった。第一に、あきらめ・泣寝入りという形での解決がまれではなかった。戦前の社会では、あきらめも一種の美徳とされた。主張したいことを堂々と主張して争うことじたいを悪とする考え方があった。もともと争いがないところに、その法的解決もありえようはずがない。争う意思もなく、あきらめてしまう人にとって法は無縁である。この意味で争いの精神は法の精神の第一歩である。隣人を相手に争うとか、主人を相手に訴訟をおこすとかいうことじたいをとんでもないと考えるような社会では、裁判は民衆のものとなりえない。第二に、争っている本人ににらみのきくおえらがたがでてきて、「マアマア主義」で解決する場合も多かった。これは、ルールによる解決ではなく、目上の人や有力者やボスの個人的手腕や顔がものをいう解決である。日本社会では、このボス的仲裁・調停というものが非常に幅をきかし、あたかも、それが紛争解決の最も主要な方法であるかのごとき観をさえ呈していた。

争いは堂々と法廷で争え

こうして日本では、争いを堂々と法廷にもちこんで、法というルールで解決するというやり方がきらわれた。これでは、国民が裁判を身ぢかなものに感じる道理がない。戦後の日本では、この点ずいぶん進歩して訴訟のかずもふえたけれど、まだまだ法以外の手段で解決する昔のやり方がのこっている。このことは、日本の裁判官や弁護士の数が、今日、ほかの文明諸国にくらべて格段に少ないということの中にも、はっきりあらわれている。

このように、争いを法的に解決するということが、一般の国民と国民との間で敬遠されたばかりでなく、とくに国家と国民との間では、いっそう敬遠された。明治憲法のもとでは、人民がお上を相手に争い、訴えるということは、おそれおおいと考えられていたから、制度のうえでも、お上の命令に不服があるといって訴えることは、いくつかの例外をのぞいてできなかった。そして訴えることができた場合にも、行政裁判所という一種特別な裁判所に訴える以外になかった。例えば、まちがって税金をかけられたり、土地を取りあげられた場合にも、普通の裁判所に訴えて争うことはできなかった。学問的にいえば、行政権の違法な行政行為に対し司法裁判所は干与できなかったのである。これでは、司法裁判所の権威もなく、その役割も小さく、人民が、これに期待を寄せることができなかったのも無理はない。

法の支配と裁判

すべての争いは法によって解決される

いまの憲法のもとで、すべての争いは法によって解決されるべきであるという原則が、国民と国民との間にも、国家と国民との間にも、あまねくゆきとどくことになった。これが、法の支配とか法治主義とかいわれることである。とくに国家の行為もすべて法にしたがってなされることになった結果、国民は、国家の行為が法に反するとおもうときには、国家を相手に争い、法廷で黒白をつけることができるようになった。例えばあなたは、税務署の税金のかけ方が違法だとおもうなら、税務署を相手にして司法裁判所に訴えることができる。昔の行政裁判所のように行政権がみずから裁判をおこなうことはみとめられず、司法権は通常の裁判所のみが行使できるのである（七六条）。つまり、税務署とあなたとの争いは裁判所にもちこまれ、裁判所のみが、その司法権を行使して、税務署の税取立行為が法に反していないかどうかを審査することができるのである。税務署が、この税金取立は法に反していないと、いくら頑張ってみても、法に反しないかどうかをきめるのは裁判所の司法権に属することであるから、裁判所が法に反すると宣言した以上は、税務署もこれにしたがわないわけにはゆかない。今日の憲法のもとで、裁判所の権威や役割が戦前と比較にならないくらい増大したのは、このことあるがためである。しかも、裁判所は、例えば税務署の税取立が法に反しないかどうかを調べるだけでなく、その行政行為のもとになっている税法という法律がそもそも憲法に反する法律でないかどうかをも、しらべることができるのである（八一条）。

さて税務署とあなたとの争いが裁判で黒白をつけられるからには、その裁判を担当する裁判官は、いわば野球のアンパイヤの地位につくわけであり、どちらかにえこひいきしてはいけないこと当然である。これが裁判の中立ということである。なにごとでも、中立をたもつためには、ひもをつけられないのが大切である。とくに、裁判官は、おなじ国家機関である政府の行為や立法府のつくった法律をも審判するわけだから、政府や議会からひもをつけられたのでは、とうてい、公正なアンパイヤになれるわけはない。こうして憲法は、そのひもをたちきるために、司法権の独立や裁判官の身分を保障し（七八条）、それによって、裁判官が公正なアンパイヤであるように期待しているのである。

正しい裁判批判こそ憲法擁護の基礎

こうしてみれば、いまの憲法が、裁判所に、どんなに重要な地位をあたえ、また大切な任務を負わせているかがわかる。やや極言するなら、裁判所さえしっかりしていれば国民の生活は安泰であるとさえいえる。立法府が憲法をつくっても裁判所がそれを違憲無効としてしまい、政府がいいかげんなことをしても裁判所がそれを違法無効としてしまうなら、国民は、自由と権利を享受できる。裁判所の在り方が、いかに私たち国民の日々の幸福な生活と密接にむすびついているかは、この点からみても明らかであろう。

しかしながら、以上のことは、あくまで憲法上のたてまえなのであって、実際の裁判の姿がそうであるということではない。はたして、今日の裁判所は、憲法が期待するような公正なアンパイヤとしての役割を果しているであろうか？　残念ながら、とても、そうおもえない。例えば、いまの法律には、専門家の眼から見れば、あきらかに憲法違反となるものがかなりあるにもかかわらず、裁判所は、違憲判決をしたがらない。公安条例判決もその一つである。松川裁判でも、検事の出す証拠には甘い点をつけ、逆に被告の証言や証拠には辛い点をつけるという、えこひいきをやったために問題となったのである。砂川裁判でも、政府や検事の主張のみを全面的に採用し、被告が非常にくわしい弁論をしたのに、これに対しては、一顧だにしないという、片手おちの判決をしている。そのうえ、せっかく憲法が、裁判所に、政府の行為をしらべる権限をあたえているのに、統治行為という議論をもちだして、裁判所には政府の行為をしらべる権限がない、と真綿でみずからの首をしめるようなことをいっている。また最近では、飯守発言で有名になったように、「風流夢譚」※を告訴すべきであるなどと検事ばりのことをいう裁判官が、依然として司法部に職を奉じている実状である。

こういう一連の現象を見せつけられると、裁判官の見解と検事の見解はどこがちがうのかと首をひねらざるをえない。もちろん検事や政府に追随する裁判官ばかりではない。とくに下級審には、公平なアンパイヤの役割を果している裁判官もたくさんいる。しかし、上級審にいけばいくほど、憲法の精神が見失われているというのが現状である。ここで私たち国民は、最初にかえって、主権者たる国民が、もっと積極的に裁判に参加し、裁判官を監督し、ともすれば憲法から逸脱しがちな司法部を憲法の線にもどすように、たえずきびしい批判を加える必要性がいかに大きいかを痛感する。正しい裁判批判こそが、憲法擁護の基礎であることを、あらためて私たちは確認したい。

※ 中央公論の一九六〇（昭和三五）年一二月号に掲載された深沢七郎の小説。皇室をパロディーにした内容に右翼団体などからの抗議・圧力が高まり、右翼団体所属の少年が中央公論社社長宅に侵入し、殺傷事件を起こすといった事件も発生した。

一三　憲法と税金

財政と国民主権

穴のあいていた財政民主主義

財政とは、ひと口にいって政治や行政の台所をまかなう、国（や地方団体）の経済活動のことであるから、そのあり方いかんが、国民の権利と義務、或いは国民の日々の生活に大きな影響を及ぼすことはいうまでもない。そこで、特別の場合を除けば、どこの国でも、憲法で財政の基本が定められている。日本でも、いまの憲法はもちろん、明治憲法も、その点で例外ではなかった。

とはいえ、その規定の仕方には大きな違いがある。明治憲法は、もともと行政権が優位にたつという傾向が強かったプロシア憲法にならったものであって、財政の運営についても、なるべく議会の発言を狭めようという意図をもっていた。これを条文についていうならば、形式的な点だけからしても、いまの憲法の第七章「財政」に対応する章が、「会計」という名称を付され、財政という高度に政治的な問題が技術的なものにおとされているという違いがある。つぎに内容にはいると、税金をかけることは、議会でつくられる法律によらなければならないという規定は、明治憲法第六二条にもあったが、事実上の税金を含んでいるタバコのねだんのほか、鉄道運賃や郵便電報電話料金などの公共料金などは、政府が全く一方的に決定できることになっていた。また支出についても、後に議会の承認を得ることを条件に、政府の一存で或る程度の支出ができることになっており、また特定の経費については政府の同意がなければ議会は手をつけることができなかったし、さらに、予算が議会で成立しないときは、前年度の予算をそのまま受けつぐことがゆるされていた。このほか皇室財政についても、宮内府の自由な決定の余地が大幅にみとめられていたのであった。このように、明治憲法の規定は、議会の財政に対する審議権をいちじるしく制限し、政府の自由な行動の余地を大幅にみとめていた。こうした憲法は、諸外国で数世紀にわたって築きあげられた、財政上の問題については国民の総意にしたがって議会の審議権を何よりも尊重するという「財政民主主義」の原則にたくさんの穴をあけていたものといっていい。

天皇の財政から国民の財政へ

このような穴の最後のよりどころは、或る種の国政については天皇だけが決定をくだせるという、いわゆる天皇の大権にあったといえるから、その意味で、明治憲法下の財政を「天皇の財政」ともいえるのであるが、いまの憲法の規定は、それとは全く異なっている。まず、形式的な面からいうと、第七章の題名が「財政」となったことはさきにふれた。つぎに大きな変化は、この第七章をうけて、財政の処理に関する基本を規定した「財政法」という法律ができたことである。明治憲法のもとでは、財政について憲法でごく抽象的な規定があり、他方、「会計法」という法律でこまかい技術的規定があり、その中間の領域を規定するものがなかったのを、「財政法」がうめることになっている。

内容にはいると、第八三条で、財政における国会中心主義がたかく掲げられている。この原則から第八四条で租税法定主義がかかげられ、租税は法律による以外には徴収されないことが明示されているが、さらに、これをうけ、財政法の第三条で、専売価格や公共料金も政府が独自できめられないと規定したのは、明治憲法に比較すると大きな進歩である。

また、責任支出や緊急処分、天皇の大権に基づく既定費といった、実質的に国会の審議権に穴をあけるような規定が、いまの憲法ではいっさい姿を消したのも、当然のことながら進歩である。それから、予算の審議について、第六〇条はとくに衆議院の優位を確認した。

皇室財政についても大きな改革がおこなわれた。さきに一言したように、皇室財政は、ほとんど国会の議決権外におかれた皇室費と、その約三〜四倍にのぼり、しかも国の予算面にはあらわれない財政収入とによってまかなわれ、その内容については全く公表されなかった。いまの憲法では、国家機関としての皇室財政と、個人としての天皇家の経済とは原理的に別個のものとして取りあつかわれ、前者は予算に計上して国会の審議をうけなければならず（八八条）、そのうえ、私有の皇室財産の移動にも国会の議決をうけることとなっている。

以上の記述からわかるように、財政は国民のものであるが、その財政をまかなう収入のうち、最も重要なものが税金である。したがって私たち国民が税金を負担するのは、財政が国民のために運営されることを期待してのことであるといわなければならない。憲法が財政の運営について、国会すなわち納税者たる国民の代表によって構成される機関に優越性を与えているというのも、こうした趣旨によるものである。そこで、現在における税金のあり方が、果して憲法にふさわしいか否かは、大きくいって第一に、税金の使いみち、すなわち税金のゆくえがほんとうに国民のためになっているといえるかどうかということと、第二に、かりに税金のゆくえについては大きな問題がないとしても、税金の負担が公平かどうか、にかかるといえるだろう。以下、この点について考えてみよう。

国民と税金

税金のゆくえ

税金をどうつかうか、すなわち、社会保障・教育・公共土木事業・産業保護…といった目的に、それぞれどれだけの経費を割りふり、どれだけの仕事をするかということは、まず政府が原案をつくって、これを国会の審議にかけ、そこに反映される国民の総意で決定するというのが現在の憲法のたてまえである。ところが現実はどうであろう。

まず政府の原案は、あらましが官僚機構の内部で決定されるが、その場合、官僚制そのものの利害が大きく影響する。さらにまた、官僚機構とふだんから密接な関係をもっている集団や組織の発言も、このさいものをいう。こうしてできあがった原案が、いよいよ国会の審議にかけられるまえに、現状では、与党の意見が大幅にとりいれられる。ところが、与党の意見というのが、実はいろいろの利益団体の要求をとりつぐものであったり、また官僚の予算要求の代弁であることが多い。そして、そういう権力機構にふだんからつながりの少ない、或いはまた組織や集団を作ってその圧力を利用したりするような便宜も力もない国民大衆の要求は、なかなか反映されないという傾向が強い。しかも、国会の審議にあたって、かりに野党がそうした「声なき声」を代弁して、予算の修正を試みても、与党が多数をしめているときには、全く問題にならないのである。だから、予算原案をつくり、これが国会の審議を経て決定されるまで、納税者たる大衆の声は反映されにくく、いわゆるプレッシュアー・グループ（圧力団体）がまかり通るという現象を呈するのである。

こうしたことは、財政に対する憲法の趣旨からいちじるしくはずれているといわなければならないが、それではなぜそういうことになるかというと、これは選挙のあり方とか、日本の官僚制の性格とか、政界と財界との関係とかいったいろいろ複雑な問題がからまってきて、簡単に割り切ることはできないが、あえていうと、国民の納税者としての自覚になお不十分な点があるからだといわなければなるまい。

それはともあれ、こうしたプレッシュアー・グループの横行により、税金のゆくえについて二つの問題が生まれてくる。それは、ひとつは、右に述べたことから或る程度わかるのだが、経済力や政治力の強いものの要求するほうに経費がかたよりがちであるということである。しかもその経費がムダにつかわれやすい。これのいちばんはっきりした例は、あの造船汚職事件※であった。だが、これほどに大規模で公然化した事件ではなく、かげで処理されてしまうものも決して少なくはないのである。第二に、いわゆるプレッシュアー・グループがたくさんできて、四方八方から要求が出されると、政府はどのグループに対しても御機嫌とりをしようとして、かねをバラまく結果、税金の使い方がとかく総花的になるので、結果からみると、金額のわりあいにはかねの効果が上らず、したがって税金のムダ使いが生じるということになる。こういう例は土木事業関係でしばしばみられるところである。

以上のようなことは、要するに、いまの憲法の財政に対する基本的な考え方が、国会において正しく活かされていないためにほかならない。なぜ活かされないかということについては、さきに一言したことだから、これ以上は繰り返さないことにする。

※ 一九五三（昭和二八）年から翌年にかけて起こった、海運・造船会社と政府・与党との間の贈収賄をめぐる疑獄事件。

税金の公平

現在、税金の国民所得に対する比率は約二一％である。いいかえると、国税・地方税をあわせて、国民が一年間にかせぎ出すものの約二割が政府や地方団体によって消費されるということになる。戦前は約一二％であったから、負担はかなり重くなっているわけである。

負担が重くなったことについては、それ相当の理由があるが、ここでそれを論じている余裕はない。それはともかく、負担が重ければ重いなりに、各人に対する負担は公平でなければばならない。何が公平であるかは難しい問題であるが、現在の通念としては、負担の能力に応じることをもって公平の内容としている。その点で、いわゆる間接税は直接税に比して公平ではないといっていい。この両者の関係は、戦前では直四間六であったのが、現在ほぼ直五・五間四・五というように変っている。この逆転は、税制の基盤をなす経済構造や所得構造の変化、その他制度の改正などによるものとはいえ、いまの憲法のとっている社会福祉重視の立場により適っているものといいうる。

だが、こうはいっても、なお多くの点で公平の実現が妨げられているが、なかでも、公平をいちじるしく攪乱しているものとして、昭和二十五年ごろからあいついで設けられた租税特別措置がある。これらは、資本蓄積の促進、米の供出奨励など、制定のときの理由には或る程度やむをえないとみられるものもあったが、その後は既得権化し、いまや、主として大企業の税負担軽減のための措置であるという性格を強めるようになっている。

つぎに、もうひとつ、負担の公平をゆがめるものとして、税務におけるいわゆる通達行政の弊害がある。税法がわかりにくいというのは定評があるが、それは、ひとつには、規定を正確にまた詳細にしておこうとするためであろう。ところが、この税法でも、起りうべきすべての場合を予想して規定できるわけではないから、実際には、税法を具体的な事例に適用するさいになって現場でいろいろの疑問が生じる。これについて、国税庁から第一線の税務署に指令するのが通達である。この通達は、税務職員にとってはほとんど法律と同様の権威をもっているのだが、納税者にしてみると、毎日毎日に出されるおびただしい通達の内容を知る余裕はない。そこで、納税者に対して、全く耳にしたこともなかった通達が税務署からおしつけられるということになってくるのであるが、そのさい、多分に税務職員の裁量が加わるという危険が生じる。

こうした場合、現行の制度では、納税者がその権利を主張するような配慮がおこなわれており、これは戦前にはなかった制度だといっていい。しかし、現実には、この制度は十分に活かされているとはいいがたい。

税を払う者の自覚

戦前と比較して、現在の納税者の立場はかなり高められていることは否定しえない。これは、いまの憲法が主権在民の原則を高くかかげている以上、当然のことである。なぜなら、納税者とは、とりもなおさず主権の存する国民にほかならないからである。

だが、それにもかかわらず、納税者のおかれている位置については、右のような問題があるのはなぜであろうか。その理由は決して簡単ではないが、ひとつだけ強調したいのは、納税者の自覚が不十分だということである。明治憲法のもとでは、もちろん税法があったとはいえ、一般国民は、お上《かみ》の命じるままにとられるものだという気持をもっていた。しかし、いまの憲法の感覚からするならば、税金はとられるという受身の立場から負担さるべきではなく、国民ひとりひとりにとって必要な政治を政府にやらせるために、その経費を支払うという立場で負担さるべきものといわなければならない。その意味からいって、私がこれまで、本稿のなかでしばしば使用してきた「納税者」という言葉そのものもぐあいが悪いわけであるが、ほかに適当な言葉がないので便宜上これを使用したにすぎない。

自分が払ったという立場を自覚してこそ、税金のゆくえに関心をもち、政府の使い方の当否をみきわめようという気持も生まれてこよう。また税務行政についても泣き寝入りをするということもなくなるだろう。このような自覚は、もちろん、いまの憲法のもとにおいて、しだいに育ちつつあることは明らかである。しかし、農家や小経営者ないしサラリーマン全体としては、まだまだ不十分であることは否定できない。これを強め育てていくことが、単に税金問題や財政についてのみならず、ひろく政治一般に対する、国民の健全な関心と発言を強めることに通じるといわなければならない。

一四　憲法と地方自治

曲りかどの地方自治

地方自治と民主政治

フランスの有名な歴史家・政治学者であり、また政治家でもあったトックヴィルは、かつて、「アメリカにおける民主政治」という書物のなかで、つぎのような名言をのべた。

「地方団体のなかにこそ、自由な人民の力がやどる。地方自治制度が自由に対してもつ関係は、小学校が学問に対してもつそれと同じである。」

地方自治とは、地方の行政事務を、国から独立した団体（地方公共団体）を通じ、地方の住民の意思に基づいて処理していくたてまえをいい、このたてまえは民主政治をささえる柱とさえいわれているが、トックヴィルのこの簡潔な言葉は、地方自治と民主政治の関係を、明確に、味わい深く、いいあらわしている。

いまの憲法、そして地方自治法が施行されてから、今年でちょうど十三年目をむかえる。

この十三年の間、憲法をめぐってさまざまの曲折があったが、それはもちろん、地方自治と無関係ではありえなかった。私たちはまず、私たちの地方自治が新しい憲法のもとでどのような歩みをたどり、曲折を経てきたかをふりかえってみなければならないが、そのさいの判断・評価の基準としても、トックヴィルの右の言葉は、まさにふさわしいものといえよう。

地方自治の曲りかど

私たちの憲法は、昭和二十二年五月三日、日本の民主的な革命をめざして発足した。それは、強力な民主的政治力でてこ入れされながら、まず明治憲法下の官僚的な中央集権的な地方自治をとりはらって、そのあとに住民の息のかよった新鮮な地方自治を育てあげてゆくことを、一つの目標としていた。憲法第八章の「地方自治」の文字は、その任務と決意とをひそめていたはずである。

しかし、その後の事態の進行はどうであったか。一方では、地方自治の合理化とか能率化といった言葉が、きわめて頻繁に、安易に、主として政府当局者の口から聞かれるようになったし、また他方では、地方自治の危機とか後退といった言葉が、主として地方自治団体の側から、ふんまんをこめていわれはじめているし、一つの方向としては、地方自治は逆コースの一途をたどっているということをむげに否定できまい。そしてこの地方自治の逆コースは、憲法の逆コースと歩調がそろっており、その意味で、地方自治は、少なくともわが国の現在の政治の時点では、憲法に基づく民主化の強弱をはかるバロメーターの一つと考えることができるのである。

ともあれ、戦後つちかわれてきた私たちの地方自治は、十三年の年輪をかさね、民主憲法の足跡のなかに鮮やかな刻印を残した。その間には、もとより不手際や失敗もあったであろう。しかし、それをためなおすために、地方自治の根本精神までをいっしょくたに葬りさろうとするのは、ナンセンスである。私たちのなすべきことは、地方自治をめぐる問題が、果して制度そのものの改革なしには解決できないものなのか、それともその多くは制度への不馴れや未熟のために生じたもので、運営を改めれば解決できるものなのかを検討してみることである。そして、かりにそれが制度の運営上の不手際だとするならば、その不手際が中央政府の側に責任があるのか、それとも主として地方自治体の側に非があるのかをも、考えなければならないだろう。いずれにせよ、わが国の地方自治は、地方財政の危機とか、道州制の制定、過大都市の解決、地方都市の開発等々、かずかずの難問題をかかえこんで、いまや曲りかどにさしかかっていることは確かである。そこには、このままに放置しえない病理的ともいうべき現象もみられないではない。したがって、私たちは、問題の由って来るところを冷静に検討し、その診断をしなければならない。いや、一歩をすすめて、その具体的な対策を講じ、処方箋をかき、地方自治をその本来の正しい姿にもどすとともに、それをさらに前進させるためのあらゆる努力を傾ける義務があるといわなければならない。

忍び足の中央統制

講和条約がきっかけ

地方自治の問題を律するための規準と根拠をあたえた地方自治法が施行されたのは、あたかも憲法が発足したと同じ日の、昭和二十二年五月三日であった。この法律は、新しい民主憲法のかどでをかざるにふさわしい法律であり、この憲法で宣言されている「地方自治の本旨」に基づいた、地方自治の体系的な憲章ともいうべきものであった。そして、この法律が施行されたのちの五年間に関するかぎりは、文字どおり「地方自治の本旨」に基づく清新な改革的精神を謳いあげながら、これを忠実に実現しようとして、ひたすら目標に向って直進してきたようであった。つまり、この期間には、地方行政は国から独立した地方公共団体を中心に、従来の中央政府からの監督をすべてはねのけながら、もっぱら、その地域に生活の根をおろした住民の意思にしたがって、その地域社会（市町村・都道府県）の要請に応じた行政を、自主・自律的にやってゆこうという姿勢が、はっきりとみられたのであった。

しかし、このような姿勢は、その後しだいに動揺しはじめた。その一つのきっかけとなったのは、講和条約の発効であった。新しい自治制度に対しては、かねてから一部に批判的な雰囲気があり、やがてそれは「自治の行きすぎ」という名のもとでの一つの改革論として頭をもたげてきたが、講和の発効によって日本の独立が実現するとともに、「自主自立体制に即応する」合理性と能率性の原則という主張となって表面化したのである。そして、講和発効の前年に設置された政令諮問委員会は「行政制度に関する答申」として、戦後の地方自治が一つの転換期にたちいたったと告げ、さらに昭和二十八年に発足し爾来今日に及んでいる地方制度調査会は、地方制度改革のこうした路線をおしすすめてきているのである。

警察制度の改革

ところで、この地方制度改革の第一着手としてとりあげられたのは、警察制度の改革であった。戦後に成立した新警察法は、その前文にも明らかなように、当初は「地方自治の真義を推進する観点に立つところの個人の権利と自由を保護する」ための「民主的権威」の警察組織であった。そして、そのためには、かつてみなかった国家地方警察と自治体警察の二本だての警察体制を創設し、とくに、市および人口五千以上の市街的町村においては、市町村長の所轄のもとに市町村公安委員会をおき、その下に市町村警察をおいたことは、市民のための民衆警察として、その前途に住民の大きな期待がかけられたことであった。しかし、昭和二十九年に発足した現在の警察法は、もっぱら「能率的にその任務を遂行する」都道府県警察であり、その実体は、政府が強力な警察人事権の掌握することにあった。それによって警察の任務は、いちじるしく国家的・政治的な色彩を色濃くし、代りにその自治体的・市民警察的な色彩を稀薄にさせていったのである。しかも、かような警察体制における中央統制の強化が、公安警備警察の強化をともないながら、私たち住民の身辺に、例えば思想行動調査のかたちで、暗い陰をなげたことは、何としてもやりきれないことであった。「東大ポポロ座事件」※の判決（昭和二十九年五月一日東京地裁）は、このことを明るみにだした。

※　一九五二（昭和二七）年に東京大学の学生劇団「ポポロ劇団」が東大構内で演劇を上演した際、会場に私服警官が潜入していたことに端を発する大学の自治をめぐる事件。

教育委員会の任命制と勤務評定

第二に、警察と並んで戦後地方自治体の民主化の一翼を担って発足したのが教育制度であった。そしてその具体化として、教育委員会法（昭和二十三年）が「教育が不当な支配に服することなく、国民全体に対し直接に責任を負って行われるべきであるという自覚のもとに、公正な民意により、地方の実情に即した教育行政を行う」民主的な使命をもって誕生し、教育委員の公選制が確立されることになった。しかし、この公選制では、日教組の代弁者しか得られぬという当局の強い主張によって、やがて昭和三十一年には「地方教育行政組織運営法」によって、任命制の教育委員へときりかえられたのである。しかし、あたかも文部省による教育の中央統制の強化は、これを機として、一大攻勢に転じ、いままでは開店休業中であった地方公務員法第四〇条（「任命権者は、職員の執務について定期的に勤務成績の評定を行い、その評定の結果に応じた措置を講じなければならない」）は、にわかに活気づくにいたった。しかも、私たちは、かような勤務評定の法文を実施するに先だって、人事院規則（昭和二七・四・一）一〇―二〇「勤務評定」の第二条（勤務評定の具備すべき必要条件）につぎのような明文があったことを忘れてはならない。「勤務評定は、あらかじめ試験的な実施その他の調査を行って、評定の結果に識別力、信頼性及び妥当性があり、且つ、容易に実施できるものであることを確めたものでなければならない」。あの勤評問題は、もとはといえば、文部省のこの人事院規則の不当な軽視にその端を発していたのであった。それはまぎれもなく、一国の教育行政政策上の一大汚点であっただけでなく、地方自治体が自主的に担当すべき地域社会の民主化と啓発という大切な課題を、中途において挫折せしめるにひとしかった。

地方財政の危機

第三に、今日、最もあからさまな、中央統制の強化がおしすすめられているのが、地方財政の面であることは、ここであらためていうまでもないことであろう。それは、「地方自治の危機」が「地方財政の危機」におきかえられるほどなのである。政府は、この地方財政危機の対症療法として地方財政再建促進特別措置法（昭和三十年）を作ったけれども、そこに一貫して流れているのは、赤字団体を準禁治産者※的に見下す態度である。その原因は、自治体の財政運営が放漫だった点もあるにせよ、根本的には、中央中心の税財政の制度体系に深く内在していたとみなければなるまい。ところで、ここで出された対策は、誰にも予想されたような、自治体の事業縮小・人員整理・経費節約等による、おきまりの地方財政圧縮論なのであったが、私たちが注意したいのは、第一に、赤字財政の解決のしわよせが一方的に地方自治体側にきているという処理方式の安易さである。そうして第二に、かような赤字財政をよき好餌《こうじ》とばかり、地方団体の行財政の放漫さを誇大に強調し、これを口実に、地方議会の権限の縮少や各種委員会の整理・縮少をふくめた地方自治法の改正論を、いや、すすんで知事官選論をも打ちだしかねないことである。さらに第三には、かような自治体の行財政の圧縮が、戦後、憲法の基本方向にむかって高められかけた民生行政や文化・保育行政の側面にほとんど当然のことのごとく、しわよせしていたことである。

さて、かような財政における中央統制の強化は、また、補助金行政を度外視して考えられない。いや、中央官僚の地方支配の最も有力なテコである補助金行政は、その後いよいよ、行政事務に対する監査・検査の実施、府県人事への関与をとおして、たくみに強化されている。私は、この点で、自民党川島正次郎元選挙対策本部長の談話を想いだす。「知事は政府党の方が有利だ。自治庁長官だった私の経験からいっても、社会党知事の所はコマかな面倒をみないということになる。いまの府県の仕事は、大部分は国の代理でやっていることだ。財政的にも国にオンブしている。国の補助金がなければ実際に仕事はできない。つまり政府と直接のつながりのない知事には仕事ができない」。この言葉は、表現は大膽《だいたん》であるが、いわんとするところは、おそらくは現在の自民党の思想的代弁とみてよいだろう。ただ憲法論としては、知事の任免権を左右しうる自治体住民へのゆゆしき軽視であって、「地方自治の本旨」を保障した憲法第九二条に対する挑戦でもあり、それをつうじての知事官選論への誘導的発言でもある。しかし、かような発言を裏づけるような陳情行政の実態を、私たちは深い反省をもって監視せざるをえないのである。予算編成シーズンともなれば、議員バッジに引率された陳情団が官庁に出入する光景を、私たちは飽きるほど見せつけられるのだ。こうして地方自治体の「東京詣で」がはじまり、その「陳情基地」たる東京事務所は大繁昌し、霞ケ関官庁街は、まさに「陳情銀座」にふさわしい光景を呈するにいたる。阪本兵庫県知事の「陳情政治の悪いことは百も承知しながら、陳情しなければならぬ立場に追いこまれては、大臣室前の廊下をウロウロするあわれさよ」という、自虐めいた沈痛な言葉は、この陳情行政にまつわる「叩頭《こうとう》主義」と「拝金主義」の卑屈さを伝えてあますところがない。

※ 現在の成年後見制度における被保佐人。

自治体を内側から崩すもの

地方議会議長の交替制

私たちは、しかし、自治体を崩す原因を、外部の、とくに中央政府の一方的な支配統制の強化だけに帰するとも考えたくない。他方では、自治体そのものの内側で、かずかずの不手際・怠慢・独善主義が横行し、まんえんしている事例を直視し、指弾せざるをえないのである。なぜなら、それは、明らかに住民に対する背信的な行為であり、住民の信託を裏切るものであると同時に、他方では、政府の中央統制を誘引し、そのための好餌を提供することは明白だからである。いくつかの事例をあげよう。

第一に、最近、あちこちで住民のひんしゅくを買っている憂うべき議長交替制は、ほとんどいまや公然の事実となっているようである。自民党京都連では、昨年同党の「議長任期一年」の申し合せに従わずに居すわった府議会議長を除名したことがあったが、その最も極端なケースは、今年の一月、五十三日の長きにわたって、「ふたり議長」問題にまで発展した愛媛県議会の場合であろう。ところで、三十四年の自治省の調べによると、全国四十六都道府県議会のうち、三十一都道府県が一年ないし二年の議長交替制をとっているという。また、全国の市の六〇％以上、町村の三二％以上が、やはり一年ないし二年の議長交替制をとっている。しかも、たいていは、このポストをめぐる争奪戦は、ながくシコリを残し、そのシコリが議会運営のなかに不気味に低迷している場合が少なくない。ただ、いうまでもなく、自治法第一〇三条二項では、はっきりと議長の任期を一般議員のそれ、つまり四年にきめているのだから、この制度は一種の脱法行為とみるほかあるまい。たとい、形式的には「一身上の都合」とかで辞職するかたちをとっていても、例えば、手廻しよく向う四年間の正副議長八人の顔ぶれまで決めてしまい、第一期の議長は就任と同時に翌年五月付けの辞表を副議長に先渡ししたという弘前市のケースなどは、とうてい大目に見すごすわけにはいかない。しかも、約束の時期が近ずくと「一年交替は民主議会制に逆行するものである」として居すわりをきめこむ議長がでたり、怒った議員が、議長不信任を可決したりする段になると、まさに、醜さを住民の前にさらし、住民の信託を裏切り、自治体運営をみずからの手でスポイルし、それの崩壊に手を藉《か》すにひとしい。また、地方議会の議員報酬を、お手盛り的に、住民の意思を無視して引き上げて、そのモラルをきびしく批判されたケースは、数えたてられないほとである。

地方議会議員の退職年金制

かような思い上った地方議員の独善的行動は、地方議員の退職年金制の構想にいたって、ますますその非常識ぶりを発揮している。「地方議員にも退職金を」という声は、一昨年も全国都道府県議長会あたりから強く発言されたことであるが、いまや国会議員の弱み——というのは国会議員には、すでに三十四年に国民の批判の目をかすめてつくった「国会議員互助年金法」があるし、選挙ともなれば、かれらは地方議員に然るべき援助を受けているので、その頼みをムゲにことわりきれぬからだ——につけこみ、今国会に地方自治法の一部改正を上程し成立させようと運動をはじめている。だが、地方自治法を改正し議員にも退職年金を支出するようにとの構想は、そもそも、二重の意味であやまっている。一つは、退職年金は、そもそも一身を公務にささげ他に職業をもつことのできない一般公務員にこそふさわしいものであって、その地位や職能上、四年毎に住民の審判によって選挙される議員の本質にはふさわしいとはいえないからだ。二つには、そうでなくてさえ、地方自治財政の窮迫を喧伝されている現在の地方自治体にとって、かようなすじのとおらぬ議員の退職年金に対する赤字補塡をするのは、地方財政上も、ゆゆしき問題であるし、納税者たる住民をあまりにもなめてかかることだからである。住民がこれらの議員に信託したことは、あくまでも住民の良識と自治参加への意欲を誠実に代表してくれるものとしてだったはずであり、かような信託に応えることのできない議員は、もはや、みずからの、また、その所属する自治体の権威と任務を、ほかならぬそのみずからの手で放擲し、失墜させるものだというべきであろう。

退職記念品の贈呈

しかし、自治体をこのように内側から崩すものは、ひとり議員に限られていない。昭和三十一年、東京都知事が新しい自治法改正で禁ぜられている都議員への退職金をその改正直前に支出したことは、都民のはげしい憤激を買った。主婦連合会はこれを自治法に定めている納税者訴訟（二四三条の二）によって訴訟を起すにいたった。これは、まさに自治法の行政を、長と議会との共犯的な、なれあいの資格において、その内側からほり崩すにひとしい行動だといえよう。それにもかかわらず、今日相もかかわらず、地方のここかしこで、退職金支出禁止の法文を無視し、高額の「記念品」を贈呈しているのも、はなはだ不可解である。福島県の或る村では、体育館建設工事の竣工記念式典で、議長に三十五万円もの高額の記念品を贈ったために、ついにこの不正を追求するための村民大会にまで発展した。また、工事が一年も早くでき上ったという功績（？）と画期的な工事を祝って、市議会に百五十万円ほどの追加予算を上程可決し、電気掃除器、トランジスター・ラジオ等を贈った門司市の例なども、甚だ好ましくないケースであるが、この程度のものは、そのほかにも案外に多いのかもしれない。こうした事例には、とかく、自治体の長と議員との間に不明朗なヤミ取引的暗さや、なれあい的な結托が潜在していることが多い。一昨年あたり、東京都の世田ケ谷区や品川区で生じた汚職事件は、まさに、長と議員とのこうした暗い結びつきに端を発するものであった。

私たちは、別に、長や議員に、必要以上のきびしいモラルや人格の高潔さを要求するものではない。しかしその独善的な自治体運営によって、公選議員たるの職責を忘れ、みずから自治体の墓穴を掘りかねないことを、黙視はできないのである。しばしば指摘される中央統制の強化に対して、このような弛緩した自治体のてい、い、い、たらくでは、真に民主的な自治権擁護のために立ちあがり、これにプロテストする姿勢はとれそうもないだろう。地方自治の擁護の旗を、以前にもまして、誇り高くかざし前進しなければならぬ地方議会や自治体の首長が、地域住民からも、また中央政府からも見くびられるようでは、それこそ、わが国の民主政治と地方自治に対する赤信号となろう。

住民の監視による正しい政治を

リコールで反省を

新しい地方自治法は、多くの点で住民自治を強調し、その真剣なエネルギーを自治体行政のなかにとり入れる装置を設けているが、私たちは、そのなかでも直接民主制方式のもつ役割を高く評価しなければならない。かつてルソーはその「社会契約論」のなかで、「イギリスの人民は自由だと思っているが、それは大まちがいだ。彼らが自由なのは、議員を選挙する間だけのことで、議員が選ばれるやいなや、イギリス人民は奴隷になり、無に帰してしまう」とのべている。このことは、四年に一度の選挙の時だけ住民が審判できるにすぎない代議制的民主制の欠陥を、みごとに衝いているわけだが、自治法がリコール、条例の制定改廃、事務監査、議会の解散等において、直接民主制の方式を設けたことは、自治体行政の民主化を押しすすめ、住民の参加を活潑にするうえで、大きなプラスをもたらした。町村の民主化闘争には、時おりみられたリコールではあったが、その規模において未曽有の展開をみせた福岡県の土屋知事のリコール（昭和三十四年）は、私たちを驚かせるものがあった。それは、結果的には成立しなかったものの、地域住民の監視の目が、直接に、かつ、不断に県段階の自治行政にまでとどいていることを立証した点で、多くの民選知事や市町村長に対しても大きな反省の機会を与えるに十分であった。

地域に運動の拠点を

こうした自治体への民主的な住民参加が、さらにそのはげしさを加えた場合に、しばしばそれは、住民の地域的抵抗組織の強化として打ちだされたのであった。とくに、昭和二十九年以後からはげしくなった合理化・人員整理反対、天下り的な町村合併・軍事基地反対、災害復旧遅延・行政水準切下げ反対、地方税増徴へのたたかい、居住地の民主化運動、地方財政危機突破運動等は、それぞれの地域の特殊性や住民意識の強弱に対応して、ひろい層にわたって、弾力的に展開されてきた。こうしてたくわえられていた自治体住民のエネルギーは、昭和三十五年の岸政府下の安保闘争においても各地で爆発した。守口市議会では、ついに、「一日も早く議会民主主義の大道を確立するため、このさい当市議会は、政府・国会が直ちに内閣の総辞職と衆議院の解散を行われんことを要望する」という決議文を可決するまでにいたった。安保闘争の民主化エネルギーが、地方農村には食いこめなかったといわれる反面、私たちは、それが県段階から市部・郡部段階へ、さらに町村段階へとおろされ、そうしてその最も日常的な、身近かな、地域の段階において拠点をつくりあげ、そこからその周辺へとひろく定着していったケースをも、少なからず見ているのである。ただ、そこにみられるのは、安易な労農提携一点ばりの公式的な共闘方式ではなく、日常生活に密着した具体的な問題の一つ一つを、誠実にとりくんでゆく地域住民——労働者・教師・学生・農民の各層——のひろい、民主的なつながりのすがたなのである。昨年の選挙で、農村社会における革新支持票が増え、例えば新潟県では社会対自民の比率が七対八の議席となったことなど、地方自治体における一つの議席変革がおこなわれた事例を、私は興味深く感ぜざるをえなかったのである。いや、問題はもう少し全般的な、根本的な、客観的事態そのもののなかに、デリケートなかたちでひそんでいるのではないだろうか。例えば、農村の近代化がすすみ、政府の企図する重化学センターのプランが次第に広い範囲にわたって設置されるようになれば、従来の保守政権の金城湯池《きんじょうとうち》とされている後れた農村地域にも、大きな体質変革がおこなわれだす可能性も十分にあるからである。

昨年十一月、社会党中央委員会において、農村・地方議会対策についての、新しい路線が打ちだされた。それは、中央政治権力と地方自治の両方をつつむ民主化闘争のうえに明るい展望を与えるものとして私たちの目に映じた。いわゆる「逆ピラミッド型」の批判に応えて、その是正のために積極的に地方議会進出のための新しい行動にのりだすというプランは、同党の「三分一政党」の壁をやぶる唯一の方策のように思われるからである。そうして、このことは、今後の私たち国民の期待する議会制民主主義を、中央政治と地方自治体との、バランスのとれた発展の上にささえてゆくことを約束するように思われるからである。

地方自治体は、いまこそ、自分自身の力をふりしぼって、中央への隷従者意識から脱し、むしろ、その健全な監視者として立ちあがらなければならぬ。そのために必要なことは、何をおいても、全国各地域に芽生え、或いは埋もれている地域住民の自治能力を育てあげ、或いは開発し、その潜在している莫大なエネルギーを力強く吸いあげ、これを広範に拡散してゆくことである。

一五　憲法を生かす途

憲法の理想と現実

いままでに述べてきたことを、簡単に要約してみれば、次のようにいえるだろう。第一に、平和と民主主義をめざした日本国憲法は、国民の自由と生活と幸福を保障する国の基本法である。いいかえれば、憲法は、私たちの平和で自由な生活を守るトリデである。そういう意味では、今日の憲法はあらゆる点で、明治憲法よりもはるかに進んだ立派な憲法だということができる。第二に、しかし、この立派な憲法は、その条文の言葉のとおりには守られてこなかった。それどころか、憲法に最も忠実でなければならない政府（保守政権）は、とかく憲法を邪魔あつかいにして、その精神に逆行するような政治をつづけてきた。一方で憲法が禁じているはずの再軍備を促進し、他方で憲法が約束した国民の生活権の実現を怠ってきたことなどは、そのいちばんはっきりした証拠である。第三に、それにもかかわらず民主憲法が厳然として存在し、平和と自由を愛する多くの人々がこの憲法を守ろうとしていることは、非常に大切な事実である。憲法の理想と日本の政治の現実とは、いまのところ、かけへだたっている面も多いけれども、憲法は決して空文になったわけではない。逆に、民主憲法の実現を求める勢力は、この十五年の間に徐々にではあるが確実に増加してきている。そして何よりも、憲法の内容じたいが、どんな権力者でも、もはや無視することのできない世界史的な方向をめざしているから、これに逆行した政治は——国民が目覚めていさえすれば——決して長続きすることはできないのである。

まやかしの現実主義に幻惑されてはならない

これに関して、とくにはっきりと確認しておく必要があるのは、日本国憲法の理想が、実はきわめて現実的な意味をもっていることである。わが保守党の政治家たちは、よく「理想論と現実は別物」だとか、「実際政治は現実に即応すべきだから、理想どおりにゆかないのは当りまえだ」という。さらに、憲法の「行きすぎた」(!?)民主主義や平和主義を毛嫌いする人々は、しばしば、憲法を「現実的」に解釈・運用すべきだと主張する。この種の「現実」主義者にとっては、憲法の理想は、現実ばなれのした机上の空論であり、とうてい実現できるものではない、と見えるらしい。だが、憲法を正確に理解しさえすれば、こういう見方や主張がどれほど見当ちがいか、すぐに見破ることができるだろう。この種の主張の意味する「現実」とは、つまるところは権力(支配層)にとって都合のいい「現実」であって、民族や国民生活のための現実ではない。うえに眺めてきたように、憲法のすべての条項は、国の安定や平和や国民生活のために不可欠な基本条件を示したものであって、決して単なる机上の理想論にとどまるものではない。とくに人権に関する諸条項は、そのどれをとってみても、国民の幸福な生活の前提要件にほかならない。これらの条項が「現実にあわない」とか、「机上の空論」だとか、いろいろの難癖をつけて、その実現の努力を怠るものがあるとしたら、そういう人々の「現実」こそ、まっかな偽りだと断定してもいいだろう。国民の自由な人権や生活権を最大限に保障することほど、国民にとって現実的なことはありえないからだ。人権の問題について、憲法の理想と政治の現実が矛盾したり、かけ離れていたりするとしたら、その「現実」の方に、是正すべき欠陥または誤りがあるといわなければならない。憲法を権力（支配層）に都合のいい「現実」にあわせるのではなくて、現実を憲法の理想に近づけてゆくことこそ、実は最も現実的な課題なのである。

偽りの現実主義の破綻は経験済みだ

このことはとくに、いわゆる現実主義者たちが強調する「国防」や再軍備にも、そのままに当てはまる。日本の再軍備が、例の「戸締り論」や「真空論」などの、一見きわめて「現実」的にみえる理由で促進されてきたことは、さきにも述べたとおりである。そして自衛隊が旧軍隊の火力に数倍する武力を備え、その組織を整備するにいたってからは、二十五万の自衛隊の存在じたいが、無視しえない「現実」となって、憲法九条の非武装の理想をそれだけ後退させてしまったことは、否定しがたい事実である。だが、この単純な事実から、「現実」として自衛隊が存在する以上、憲法九条の非武装の規範は空文になったと考えるべきだとか、或いはこの「現実」に即して第九条は「改正」さるべきだと主張するのは、正当ではない。そういう議論は一見、現実的にみえるかもしれないが、実のところ全く安易な妥協にすぎないか、「長いものにはまかれろ」式の権力追随主義にほかならない。全く同じような論理で私たちは、二度と犯してはならない大失敗をつい先頃したばかりである。昭和初期の日本の政治史は、軍部や右翼の作り出した危機を次々と「現実」として容認し、この「現実」に妥協を重ねたあげくのはてに、あの愚劣で悲惨な太平洋戦争まで一直線に突入してしまった点で、「現実主義」の馬鹿げた見本を示している。権力の作り出す「現実」に何の抵抗もなく、国民がムザムザと引きずられていけばどういうことになるか。私たちは戦争の苦難と敗戦後のみじめな状態を想い起して、あの苦い経験から学びかえしてみなければならない。しかも、ミサイルや原水爆や電子兵器などを組みあわせた現代戦の様相を、少しでも現実的に予想しさえすれば、今日の日本の再軍備がどれほど無意味であり、逆に憲法九条が世界のこれからのあり方を先取りした立派な規定であるかを、十分に認識することができよう。さらにそのうえに、めざましい経済復興のかけ声にもかかわらず、一千万人を越えるみじめな低所得層が存在する事実を忘れてはならない。こうした事実を考え併せれば、莫大な国民の税金を役にも立たない無駄な軍備に投ずることが、単に憲法違反であるだけでなく、政策としてもどれほど本末を誤ったものであるか、誰の眼にも明らかになるだろう。

憲法九条の理想とその現実的意義

もしも正反対に、憲法九条の理想を守った政治がおこなわれるならば、日本の現実は、はるかに素晴しいものになるにちがいない。国民の生活から「奪う」だけで何の生産的な寄与もしない費用を、学問・技術・生産・芸術などにふりかえてゆくならば、日本の国民生活はずっと明るくなるだろう。とくに学問や技術への投資は、次から次に新たなものを生み出し、それによって経済生活を高めるだけでなく、日本に対する真の意味の尊敬をかちとるうえでも、二重に生産的である。また、国民生活のための福祉行政や社会保障制度に投ずる費用は、生活権の保障等の見地からみて、憲法の精神に適合するだけではなく、それによって得られる社会の安定は、武装権力に依存する治安対策の、無駄で有害な労力と費用を確実に節約させることになろう。社会福祉への配慮もしないで、何かというと「治安」警察力の増強ばかりを計ろうとする政策は、本末を顚倒した非現実的な愚策にすぎない。そういう逆立ちした政策を真に現実的なものに引きもどすには、民主憲法の精神に立ちかえれば十分である。それができないとしたら、日本の権力者がもはや世界の現実的な方向に適応する能力を失ってきている、とみられてもやむをえないだろう。デモクラシーの精神にそっぽを向いては、これからの世界でつきあいをすることはできないし、まして諸外国からの敬意をかちうるどころの沙汰ではないからだ。もしも国内での民主主義の確立とともに、世界に先がけて非武装宣言をした憲法の平和主義をつらぬいたとしたら、唯一の原爆被害国であるわが国は、国連を中心とする世界の外交の舞台で、はるかに強大な発言力をもちえたにちがいない。非武装の信念を貫きとおして、世界の軍縮の先頭に立ったならば、日本の国際的地位は今とは格段のものとなったろうし、これからの世界史のなかで日本が果しうる役割は、今日では想像もつかないものとなったであろう。残念なことに、いわゆる片面講和以来、日本はアメリカの権力に従属し、安保条約によって反ソ陣営の片々たる一基地に転落し、自国防衛には役だたない再軍備によって、憲法が与えたせっかくの可能性を台なしにしてしまったのである。国民がもし、再軍備と安保条約によって失ったもの、失いつつあるものの大きさを考えあわせたなら、まやかしの現実主義に妥協して、それを肯定することは決してないだろうし、まして憲法を「改正」して再軍備をさらに促進しようなどとは、夢にも考えないだろう。戦争を防ぐ力もない軍隊――自衛隊の存在によって侵略戦争が防止されているなどと考えているのは、そう思いこまされた犠牲者たちの幻想だといっていい——は、戦争が開始されたら国家防衛には何の役にも立たない軍隊である。もっともこれは、自衛隊に限らず、どこの国の軍隊でもそうなのだが、原水爆を用いるような大規模な戦争には、旧来の「国防」とか「自衛」の観念が通用しなくなっている現実こそ、深く再認識さるべきである。こういう真の現実に最も適応する行き方は、人類の明日の生活を考えるかぎり、わが憲法の平和主義以外にはありえないだろう。旧態依然とした旧軍人的発想で、体験ずみの戦争と敗戦の愚かしい途をたどるとしたら、これこそ気狂い沙汰ではないか。しかも、前の太平洋戦争では、亡びたものはファッショ的な旧体制であり、用いられた武器は原爆のほかはすべて旧時代の兵器にとどまった。今度もし戦争がありえたならば、想像を絶した破壊兵器が用いられ、生活いっさいが根こそぎに吹きとばされるだろう。戦争が始まったら、そうした全面的破壊を有効に防止する方法は、もはやありえないのである。これらのことを考えつめてゆけば、憲法九条は、観念的な理想であるどころか、唯一の現実的な途であり、またそれによって日本が最もやりがいのある世界史的な課題に貢献できる具体的方法だ、と断言してもよいだろう。憲法の平和主義と民主主義は、理想であるとともに、最高度に現実的な意味を有するといわなければならない。

憲法と真の「愛国心」

日本国憲法を目の敵にする古い頭の持ち主は、この憲法を「アメリカ製」の「与えられた憲法」であり、日本の伝統や国情に適さないものだと批評する。そして、国を愛する者は、こういう「押しつけられた憲法」を甘受できない、などというものまである。これらの人々の古ぼけた思想のなかには、この国の誇るべき伝統は「万世一系の天皇」が統治するところにあり、個人の幸福よりもこの国家の栄光が大切であり、国を愛するということは、一君万民という旧体制のイメージを奉持することだ、という考え方が抜きがたくしみついている。こういう人々の「愛国心」や国威発揚式の考え方が、いかに的ハズレで独りよがりなものであるかは、戦前の日本が民主諸国家のひんしゅくの的であり、物笑いの種でさえあったことを想えば、十分だろう。奇妙な装飾品を鼻の先にぶらさげて、独りで得意になっている未開社会の土人が、いっさいの文明を排他的に拒否している図を想像すれば、進歩のない歪んだ愛国心の愚かさやコッケイさが、浮びあがってくるというものである。独断的な「愛国心」は、いつでもそういう独りよがりな愚かさをともなっているが、知性も品格も自覚も判断力もない「愛国者」は、その看板とは正反対の国辱的な存在になりやすい。まして「愛国」を売り物にする無法者が、民主憲法を足げにして、反対論者にテロの兇刃《きょうじん》をふるうにいたっては、全く論外というほかない。真に国を愛するということは、自らの祖国に平和な明るい生活をもたらし、誇るに足る文化的な仕事を産み出してゆく、という建設的な努力によって示されるほかないであろう。海外の尊敬をあつめ自らも誇るに足る国造りは、だから、憲法が約束した民主的な設計図を着実に実行してゆくことにつきる、といっても過言ではないだろう。現代における愛国とは、愚劣な狂信とは全く反対に、お互いの人権を尊重し文化的創造に協力しあう社会を作ること、いいかえれば民主憲法を守り育ててゆくことに要約されるのである。それは同時に、日本が真の独立を獲得し、国際社会で平和的かつ自主的に活動する途を開くことにもなろう。どこの国にも従属しない、またどこの国とも平和な話しあいを堂々とおこなう姿勢は、国民の民主的な愛国心によってのみささえられるのである。

最高法規としての憲法と憲法改正問題

「最高法規」の意味とその認識

憲法が国の最高法規だということは、いまさら改めて説明するまでもない。ただ、一般の人々には、まだその意味が徹底しないようだから、ひとことだけ補足しておこう。憲法が最高法規であるということの法的意味は、憲法九八条に述べられているように、憲法に反するいっさいの法律・命令等は無効になるということである。つまり、国家意志の表現であるすべての法令は、最高法たる憲法に違反することはできず、違憲だと裁判所が判定した場合には（憲法八一条参照）、その法令の効力はなくなるわけだ。その結果、憲法のもとでのいっさいの法令や処分は、憲法の規定に適合しなければならないから、原則として民主憲法のもとでの国家意志は、その内容も民主的たらざるをえないということになる。（もっとも、いっさいの法令といっても、条約は性格上当然に国内法と異なるため、そのあつかいには異なった意見が対立しているが、原則としては条約も違憲の場合には、その国内的効力は否認され、できるかぎり早期に改正されるべきものとされよう。）最高法規としての憲法はさらに、天皇を含めたすべての公務員に対して、「この憲法を尊重し擁護する義務を負う」（九九条）という憲法擁護の義務を負わせる。この趣旨は、公務員に限らずすべての国民にあてはまるが、第九九条はとくに天皇や公務員の高い順守義務を強調したものとみてよいだろう。この点でも、天皇や公務員は違憲の事態に対して、強度の責任を負わされているし、その責任が果されているかぎり、国の政治・行政・裁判は、デモクラシーの本則にかなった公正で明朗なものとなる、と期待してもいいはずである。

最高法規の実現を阻止するもの

憲法のこうした最高法規性が真実に守られていれば、国の政治はおのずから民主的になるだろう。だが実際にはそう文字どおりにゆかないことは、私たちが見てきたとおりである。それにはたくさんの理由が考えられる。例えば、憲法の規定がかなり一般的・抽象的であるために、違憲と合憲の判定が必ずしも明瞭でなく、権力の座にあるものは、強引にそのすべての施策や法令が「合憲」だと主張できる傾向も、否定しえない。しかも、政府・与党とその反対党や批判者との間の論議が真向から対立するようなとき、いままでの例では、判定者たる裁判所（とくに最高裁判所）の側で、法令や処分に対する違憲の判断がなされたことは、ほとんどないといっていいほど少ない。これには、国民が選挙した代表者から成る国会の意志を尊重する、というもっともな理由や、政府の行為に対する合憲性の推定の原則などのほか、いわゆる「政治問題」に対しては裁判所が司法審査をおこなうべきでないといった議論があるが、その理由はともかくとして、この面での裁判所の働きが期待以下であることは、ひとつの注目すべき事実だといえよう。天皇を始めとするいっさいの公務員の憲法尊重擁護義務も、それが政治道徳的なものであるだけに、十分に果されてはいないし、その責任違背に対する法的な追及手段のないことも、ひとつの理由として指摘されるだろう。だが、憲法が国の最高法規であるにもかかわらず、ときにはその明白な違反が公然とおこなわれるとすれば、その最終的な担い手である主権者としての国民にも、重大な責任があるといわねばなるまい。というよりは、総体としての国民の憲法意識が高まり、国の基本法であり最高法である憲法に対する違反を許容しない、というようにならないかぎり、憲法違反の可能性は跡をたたないだろう。権力（支配）者にとって、憲法は厄介な拘束だから、できることならそんな邪魔な規範は棚あげしたいと考えても、一面ではむしろ当然だといえよう。そうだとすれば、国民の・国民のための政治を為政者に期待するには、国民自身のきびしい監視が絶対に必要である。国民のなかに、政治に対する無関心な気分が増大し、或いは権力に対する無批判な追ずい者が多くなれば、まさにそれと逆比例して、憲法の力が減退し、最高法規の権威もそれだけ低下するのである。最高法規の実現を阻止する事態に対する責任は、第一次的には当路の為政者や公務員にあるけれども、つまるところは国民めいめいの肩にかかっている、といわなければならない。とくに、憲法改正問題が生じたとき、その結果に対する重大な責任を自覚して、国民はじっくりと考えてゆく必要がある。この責任を果しえないときには、国民は民主憲法とともにみずからの生活と幸福をも失うおそれが大きい、と断言してもよい。

憲法改正問題の基本的な考え方

数年前かなり活潑だった憲法改正論は、このところやや下火になってきている。ひとつには、強引な憲法解釈によって、「自衛のための軍備は違憲でない」として、自衛隊の整備に一段落つけえたことが、改正を急ぐ必要を少なくしたようだ。だが、いわゆる「日陰者」の軍隊を公認させるためには、第九条をそのままにしておくことはできないという見地から、遠からず憲法改正問題が再燃する見込が濃いともみられる。ほとんど与党関係者だけで作られている憲法調査会が、政府与党の御用機関だという評判にもかかわらず、やがては公式にその見解を発表することともなろう。その結論の如何をとわず――構成メンバーからみて改正論が多数を占める公算は極めて大きいが――憲法改正の議はそれによっても刺戟されることだろう。どっちみち、改正論議は避けえないものとして、ここで基本的な問題点を眺めておく必要があるとおもわれる。

まず最初に、原理的な問題から入れば、憲法のなかには、憲法じたいが用意した改正条項（九六条）によっては、「改正」できない一定の基本条項があることに注意しておかなければならない。憲法九六条には、国会の各議院の議員三分の二以上の賛成で改正が発議され、国民投票によって国民の過半数が賛成したときに、憲法改正が成り立つと述べられている。だが、これだけの要件がそろっても、憲法のなかでの最も基本的な規定、とくに国民主権の原則等は、改正条項に優越する原理として、そもそも「改正」の対象とはなりえない、といわなければならない。仮りに、国の根本的なたてまえである国民主権の原理が、天皇主権にとって代えられたとすれば、これはもはや「改正」という法的手続を越えた、いわば一種の革命にほかならない。そういう「革命」（実質的には反動的復古運動）は、民主憲法の許しえないところであるから、発議じたいが違憲であるし、天皇を始め大臣・国会議員・裁判官その他の公務員は、憲法擁護義務を果すために、そうした反民主的改革に当然反対しなければならないだろう。国民主権の原則に不可分な基本的人権の削除なども、改正規定によってはできないと解される。

改正論議の実際上の問題点

実際に憲法改正の論議の中心となるのは、天皇元首化の試みと第九条の「改正」であろう。保守政党のなかでは、この二点の改正要求がかねてから、かなり強く動いている。結論からいえば、しかし、この双方とも、実質上民主憲法の「改悪」であって、国民生活および日本国そのものの将来にとって、何らの利益をもたらすものではない。天皇を旧憲法的な元首にすることは、国民主権の原理とは根本的に相容れない。そういう旧天皇制の復活は、あのいまわしいタブーの復活をともない、多かれ少なかれ基本権の否定または侵害をも生ずるであろう。国民各自の天皇に対する畏敬や信仰は、それとして尊重さるべきであろうが、天皇を象徴以上の政治的存在にたてまつることは、憲法違反だというべきである。（天皇自身も、さきの第九九条の義務に従って、こうしたかつぎ出しに反対すべきだし、また人間としての資格で反対するにちがいない。）第九条を改正して自衛隊増強を公然化することも、すでにくりかえし述べたように、とうてい賛成することはできない。もしもそうした発議がおこなわれたとしたら、国民は偽りの現実主義にまどわされずに、これを断乎として拒否すべきであろう。軍国主義の結果最も手ひどい損害をうけた大多数の国民は、これだけは賢明な判定を下すだろう。また、その判定が下されたときには、自衛隊の存在そのものを合憲的なものに改編すべき義務が不可避的に生ずることを、政府は明確にしておかなければなるまい。どのみち、改正論議においては、完全な言論の自由の保障のもとに、徹底的な一大討議が長期にわたってなされなければならないことは、いうをまたないし、国民がこの討議のなかで正確な判断を加えてゆきさえすれば、その結果は必ず憲法擁護の運動が勝ちを占めるとみて、まず誤りないであろう。

むすび――憲法実現の方途

憲法擁護から憲法実現の方向へ

私たちは、憲法の平和主義と民主主義をつぶさに検討した結果、日本国憲法をあくまでも擁護して、その不当な侵害を排除すべきだと述べてきた。だが、憲法を擁護するということは、単に与えられた憲法を守るという、どちらかといえば受身の姿勢にとどまっていてはならないだろう。単なる守勢からは、真に憲法の理想を現実化してゆくエネルギーは、十分に生み出されえない。個々人の幸福をかちとるには、各人の積極的な努力が要求されるように、国民生活の安定と向上の基本条件である憲法の実現にも、すすんでそれを求める努力が必要となる。しかも、憲法を排除もしくは棚あげしようとする勢力との対抗関係のなかで、憲法の理想を現実化してゆくには、長期にわたってかなり大きい努力が続けられなければならない。しかし、支払われる労苦と得られるものの大きさを比べるならば、多くの人々の協力さえあれば、犠牲は決して大きなものではないだろう。憲法実現の仕事に、各人の持場持場での僅少な分担の努力が分りさえすれば、少なくも数百万の人々がそれに加わる心構えをしていると推定される。数百万のエネルギーをつなぎあわせ、生きた持続的な運動にしてゆくことができれば、民主憲法は私たちの生活のなかに根をおろし、明日のよりよき国家の建設を予約するにちがいない。逆に、各人がその為しうる僅かの努力を惜しみ、或いは憲法や政治への関心を失って、私的な享受や娯楽などのなかに逃げこんでしまうと、ごく少数の人々の肩に重い負担がおわせられ、憲法実現の運動も結局は失敗におわることとなろう。そうなると反憲法的な勢力や野心家たちの手にゆだねられた権力は、憲法などに無関心な人々、政治から逃避した人々にも襲いかかって、その幸福の条件を確実に奪い去るだろう。憲法に対する僅かの自覚や認識に欠けたために、またその結果として、責任に応じた僅かの努力をしなかったために、すべての人々の失うものは、余りにも大きいのである。為すべき僅かのこと、しかもやりがいのある若干の努力を、各人がどれだけ支払うかによって、日本の憲法の運命も、私たち国民の生活も、日本の国家の未来そのものも、大きく変ってくるのである。

憲法実現の具体的方法の一例

憲法実現のそういう努力を具体的にどのように積み重ねてゆくか、という方法の問題については、ここに詳しく論ずるいとまはないが、誰にでもできる平凡な方法があろう。例えば、地域または職域で、憲法学習のサークルを作る。始めには、二人でも三人でもいい。とにかく、憲法というものが、法律の専門家の対象ではなくて、国民すべての生活の問題であり、同時にまた日本という国家の大問題でもあるということを、お互いにとことんまで考えてみることだ。学習は本書のような小冊子を手がかりにして、できればぜひ憲法の主要な条項に眼を通すぐらいまでには進めてほしいものである。細かい意味までは分らなくても、憲法の趣旨は誰にでも理解できるだろう。そうなれば、現実の政治のやり方に対して、憲法を基準とする批判ができるようになる。教育の問題にしても、再軍備と生活保障や税金などの関係にしても、或いは思想や言論の自由にしても、すべての重要な社会的問題が、互いに関連のある憲法問題としてとらえられることになろう。こうなると、憲法が「外国製」だとか何とかといった非難が、どれほど馬鹿げたいいがかりであるかが皆に理解され、憲法の実現というやり方で政治を良くしてゆく途があることに気づくにちがいない。

地域や職域で広汎にこうした憲法学習がおこなわれ、憲法を守れという要求を政府に向って至るところからつきつけるようになれば、日本の政治は面目を一新してくる、と保証してもいいだろう。もっとも、そうなるまでには、さきにも述べたように、長い持続的な運動が必要だし、その運動を妨げようとする力との抗争も避けえないだろう。だが、憲法の擁護とその実現のための努力と運動は、世界の歴史が実証してきているように、長い過程では必ず勝つことができるたたかいである。合理は不合理に対して、進歩は反動に対して、賢明は愚劣に対して、必ず優勝するからである。――それにしても、私たちの祖国日本を、光栄と幸福にみちた国にするために、ひとりでも多くの人が、民主憲法を推しすすめてゆく作業に加わることを、私たちはねがわずにはいられない。

日本国憲法

日本国民は、正当に選挙された国会における代表者を通じて行動し、われらとわれらの子孫のために、諸国民との協和による成果と、わが国全土にわたつて自由のもたらす恵沢を確保し、政府の行為によつて再び戦争の惨禍が起ることのないやうにすることを決意し、ここに主権が国民に存することを宣言し、この憲法を確定する。そもそも国政は、国民の厳粛な信託によるものであつて、その権威は国民に由来し、その権力は国民の代表者がこれを行使し、その福利は国民がこれを享受する。これは人類普遍の原理であり、この憲法は、かかる原理に基くものである。われらは、これに反する一切の憲法、法令及び詔勅を排除する。

日本国民は、恒久の平和を念願し、人間相互の関係を支配する崇高な理想を深く自覚するのであつて、平和を愛する諸国民の公正と信義に信頼して、われらの安全と生存を保持しようと決意した。われらは、平和を維持し、専制と隷従、圧迫と偏狭を地上から永遠に除去しようと努めてゐる国際社会において、名誉ある地位を占めたいと思ふ。われらは、全世界の国民が、ひとしく恐怖と欠乏から免かれ、平和のうちに生存する権利を有することを確認する。

われらは、いづれの国家も、自国のことのみに専念して他国を無視してはならないのであつて、政治道徳の法則は、普遍的なものであり、この法則に従ふことは、自国の主権を維持し、他国と対等関係に立たうとする各国の責務であると信ずる。

日本国民は、国家の名誉にかけ、全力をあげてこの崇高な理想と目的を達成することを誓ふ。

第一章　天　皇

第一条　天皇は、日本国の象徴であり日本国民統合の象徴であつて、この地位は、主権の存する日本国民の総意に基く。

第二条　皇位は、世襲のものであつて、国会の議決した皇室典範の定めるところにより、これを継承する。

第三条　天皇の国事に関するすべての行為には、内閣の助言と承認を必要とし、内閣が、その責任を負ふ。

第四条　天皇は、この憲法の定める国事に関する行為のみを行ひ、国政に関する権能を有しない。

天皇は、法律の定めるところにより、その国事に関する行為を委任することができる。

第五条　皇室典範の定めるところにより摂政を置くときは、摂政は、天皇の名でその国事に関する行為を行ふ。この場合には、前条第一項の規定を準用する。

第六条　天皇は、国会の指名に基いて、内閣総理大臣を任命する。

天皇は、内閣の指名に基いて、最高裁判所の長たる裁判官を任命する。

第七条　天皇は、内閣の助言と承認により、国民のために、左の国事に関する行為を行ふ。

一　憲法改正、法律、政令及び条約を公布すること。

二　国会を召集すること。

三　衆議院を解散すること。

四　国会議員の総選挙の施行を公示すること。

五　国務大臣及び法律の定めるその他の官吏の任免並びに全権委任状及び大使及び公使の信任状を認証すること。
六　大赦、特赦、減刑、刑の執行の免除及び復権を認証すること。
七　栄典を授与すること。
八　批准書及び法律の定めるその他の外交文書を認証すること。
九　外国の大使及び公使を接受すること。
一〇　儀式を行ふこと。
第八条　皇室に財産を譲り渡し、又は皇室が、財産を譲り受け、若しくは賜与することは、国会の議決に基かなければならない。

第二章　戦争の放棄

第九条　日本国民は、正義と秩序を基調とする国際平和を誠実に希求し、国権の発動たる戦争と、武力による威嚇又は武力の行使は、国際紛争を解決する手段としては、永久にこれを放棄する。
前項の目的を達するため、陸海空軍その他の戦力は、これを保持しない。国の交戦権は、これを認めない。

第三章　国民の権利及び義務

第一〇条　日本国民たる要件は、法律でこれを定める。
第一一条　国民は、すべての基本的人権の享有を妨げられない。この憲法が国民に保障する基本的人権は、侵すことのできない永久の権利として、現在及び将来の国民に与へられる。

第一二条　この憲法が国民に保障する自由及び権利は、国民の不断の努力によつて、これを保持しなければならない。又、国民は、これを濫用してはならないのであつて、常に公共の福祉のためにこれを利用する責任を負ふ。

第一三条　すべて国民は、個人として尊重される。生命、自由及び幸福追求に対する国民の権利については、公共の福祉に反しない限り、立法その他の国政の上で、最大の尊重を必要とする。

第一四条　すべて国民は、法の下に平等であつて、人種、信条、性別、社会的身分又は門地により、政治的、経済的又は社会的関係において、差別されない。

華族その他の貴族の制度は、これを認めない。

栄誉、勲章その他の栄典の授与は、いかなる特権も伴はない。栄典の授与は、現にこれを有し、又は将来これを受ける者の一代に限り、その効力を有する。

第一五条　公務員を選定し、及びこれを罷免することは、国民固有の権利である。

すべて公務員は、全体の奉仕者であつて、一部の奉仕者ではない。

公務員の選挙については、成年者による普通選挙を保障する。

すべて選挙における投票の秘密は、これを侵してはならない。選挙人は、その選択に関し公的にも私的にも責任を問はれない。

第一六条　何人も、損害の救済、公務員の罷免、法律、命令又は規則の制定、廃止又は改正その他の事項に関し、平穏に請願する権利を有し、何人も、かかる請願をしたためにいかなる差別待遇も受けない。

第一七条　何人も、公務員の不法行為により、損害を受けたときは、法律の定めるところにより、国又は公共団体に、その賠償を求めることができる。

第一八条　何人も、いかなる奴隷的拘束も受けない。又、犯罪に因る処罰の場合を除いては、その意に反する苦役に服させられない。

第一九条　思想及び良心の自由は、これを侵してはならない。

第二〇条　信教の自由は、何人に対してもこれを保障する。いかなる宗教団体も、国から特権を受け、又は政治上の権力を行使してはならない。

何人も、宗教上の行為、祝典、儀式又は行事に参加することを強制されない。

国及びその機関は、宗教教育その他いかなる宗教的活動もしてはならない。

第二一条　集会、結社及び言論、出版その他一切の表現の自由は、これを保障する。

検閲は、これをしてはならない。通信の秘密は、これを侵してはならない。

第二二条　何人も、公共の福祉に反しない限り、居住、移転及び職業選択の自由を有する。

何人も、外国に移住し、又は国籍を離脱する自由を侵されない。

第二三条　学問の自由は、これを保障する。

第二四条　婚姻は、両性の合意のみに基いて成立し、夫婦が同等の権利を有することを基本として、相互の協力により、維持されなければならない。

配偶者の選択、財産権、相続、住居の選定、離婚並びに婚姻及び家族に関するその他の事項に関しては、法律は、個人の尊厳と両性の本質的平等に立脚して、制定されなければならない。

第二五条　すべて国民は、健康で文化的な最低限度の生活を営む権利を有する。

国は、すべての生活部面について、社会福祉、社会保障及び公衆衛生の向上及び増進に努めなければならない。

第二六条 すべて国民は、法律の定めるところにより、その能力に応じて、ひとしく教育を受ける権利を有する。

すべて国民は、法律の定めるところにより、その保護する子女に普通教育を受けさせる義務を負ふ。義務教育は、これを無償とする。

第二七条 すべて国民は、勤労の権利を有し、義務を負ふ。

賃金、就業時間、休息その他の勤労条件に関する基準は、法律でこれを定める。

児童は、これを酷使してはならない。

第二八条 勤労者の団結する権利及び団体交渉その他の団体行動をする権利は、これを保障する。

第二九条 財産権は、これを侵してはならない。

財産権の内容は、公共の福祉に適合するやうに、法律でこれを定める。

私有財産は、正当な補償の下に、これを公共のために用ひることができる。

第三〇条 国民は、法律の定めるところにより、納税の義務を負ふ。

第三一条 何人も、法律の定める手続によらなければ、その生命若しくは自由を奪はれ、又はその他の刑罰を科せられない。

第三二条 何人も、裁判所において裁判を受ける権利を奪はれない。

第三三条 何人も、現行犯として逮捕される場合を除いては、権限を有する司法官憲が発し、且つ理由となつてゐる犯罪を明示する令状によらなければ、逮捕されない。

第三四条　何人も、理由を直ちに告げられ、且つ、直ちに弁護人に依頼する権利を与へられなければ、抑留又は拘禁されない。又、何人も、正当な理由がなければ、拘禁されず、要求があれば、その理由は、直ちに本人及びその弁護人の出席する公開の法廷で示されなければならない。

第三五条　何人も、その住居、書類及び所持品について、侵入、捜索及び押収を受けることのない権利は、第三三条の場合を除いては、正当な理由に基いて発せられ、且つ捜索する場所及び押収する物を明示する令状がなければ、侵されない。

捜索又は押収は、権限を有する司法官憲が発する各別の令状により、これを行ふ。

第三六条　公務員による拷問及び残虐な刑罰は、絶対にこれを禁ずる。

第三七条　すべて刑事事件においては、被告人は、公平な裁判所の迅速な公開裁判を受ける権利を有する。

刑事被告人は、すべての証人に対して審問する機会を充分に与へられ、又、公費で自己のために強制的手続により証人を求める権利を有する。

刑事被告人は、いかなる場合にも、資格を有する弁護人を依頼することができる。被告人が自らこれを依頼することができないときは、国でこれを附する。

第三八条　何人も、自己に不利益な供述を強要されない。

強制、拷問若しくは脅迫による自白又は不当に長く抑留若しくは拘禁された後の自白は、これを証拠とすることができない。

何人も、自己に不利益な唯一の証拠が本人の自白である場合には、有罪とされ、又は刑罰を科せられない。

第三九条 何人も、実行の時に適法であつた行為又は既に無罪とされた行為については、刑事上の責任を問はれない。又、同一の犯罪について、重ねて刑事上の責任を問はれない。

第四〇条 何人も、抑留又は拘禁された後、無罪の裁判を受けたときは、法律の定めるところにより、国にその補償を求めることができる。

第四章 国会

第四一条 国会は、国権の最高機関であつて、国の唯一の立法機関である。

第四二条 国会は、衆議院及び参議院の両議院でこれを構成する。

第四三条 両議院は、全国民を代表する選挙された議員でこれを組織する。

両議院の議員の定数は、法律でこれを定める。

第四四条 両議院の議員及びその選挙人の資格は、法律でこれを定める。但し、人種、信条、性別、社会的身分、門地、教育、財産又は収入によつて差別してはならない。

第四五条 衆議院議員の任期は、四年とする。但し、衆議院解散の場合には、その期間満了前に終了する。

第四六条 参議院議員の任期は、六年とし、三年ごとに議員の半数を改選する。

第四七条 選挙区、投票の方法その他両議院の議員の選挙に関する事項は、法律でこれを定める。

第四八条 何人も、同時に両議院の議員たることはできない。

第四九条 両議院の議員は、法律の定めるところにより、国庫から相当額の歳費を受ける。

第五〇条 両議院の議員は、法律の定める場合を除いては、国会の会期中逮捕されず、会期前に逮捕された議員は、その議院の要求があれば、会期中これを釈放しなければならない。

第五一条 両議院の議員は、議院で行つた演説、討論又は表決について、院外で責任を問はれない。

第五二条 国会の常会は、毎年一回これを召集する。

第五三条 内閣は、国会の臨時会の召集を決定することができる。いづれかの議院の総議員の四分の一以上の要求があれば、内閣は、その召集を決定しなければならない。

第五四条 衆議院が解散されたときは、解散の日から四〇日以内に、衆議院議員の総選挙を行ひ、その選挙の日から三〇日以内に、国会を召集しなければならない。

衆議院が解散されたときは、参議院は、同時に閉会となる。但し、内閣は、国に緊急の必要があるときは、参議院の緊急集会を求めることができる。

前項但書の緊急集会において採られた措置は、臨時のものであつて、次の国会開会の後一〇日以内に、衆議院の同意がない場合には、その効力を失ふ。

第五五条 両議院は、各々その議員の資格に関する争訟を裁判する。但し、議員の議席を失はせるには、出席議員の三分の二以上の多数による議決を必要とする。

第五六条 両議院は、各々その総議員の三分の一以上の出席がなければ、議事を開き議決することができない。

両議院の議事は、この憲法に特別の定のある場合を除いては、出席議員の過半数でこれを決し、可否同数のときは、議長の決するところによる。

第五七条 両議院の会議は、公開とする。但し、出席議員の三分の二以上の多数で議決したときは、秘密会を開くことができる。

両議院は、各々その会議の記録を保存し、秘密会の記録の中で特に秘密を要すると認められるもの以外は、これを公表し、且つ一般に頒布しなければならない。

出席議員の五分の一以上の要求があれば、各議員の表決は、これを会議録に記載しなければならない。

第五八条 両議院は、各々その議長その他の役員を選任する。

両議院は、各々その会議その他の手続及び内部の規律に関する規則を定め、又、院内の秩序をみだした議員を懲罰することができる。但し、議員を除名するには、出席議員の三分の二以上の多数による議決を必要とする。

第五九条 法律案は、この憲法に特別の定のある場合を除いては、両議院で可決したとき法律となる。

衆議院で可決し、参議院でこれと異なつた議決をした法律案は、衆議院で出席議員の三分の二以上の多数で再び可決したときは、法律となる。

前項の規定は、法律の定めるところにより、衆議院が、両議院の協議会を開くことを求めることを妨げない。

参議院が、衆議院の可決した法律案を受け取つた後、国会休会中の期間を除いて六〇日以内に、議決しないときは、衆議院は、参議院がその法律案を否決したものとみなすことができる。

第六〇条 予算は、さきに衆議院に提出しなければならない。

予算について、参議院で衆議院と異なつた議決をした場合に、法律の定めるところにより、両議院の協議会を開いても意見が一致しないとき、又は参議院が、衆議院の可決した予算を受け取つた後、国会休会中の期間を除いて三〇日以内に、議決しないときは、衆議院の議決を国会の議決とする。

第六一条　条約の締結に必要な国会の承認については、前条第二項の規定を準用する。

第六二条　両議院は、各々国政に関する調査を行ひ、これに関して、証人の出頭及び証言並びに記録の提出を要求することができる。

第六三条　内閣総理大臣その他の国務大臣は、両議院の一に議席を有すると有しないとにかかはらず、何時でも議案について発言するため議院に出席することができる。又、答弁又は説明のため出席を求められたときは、出席しなければならない。

第六四条　国会は、罷免の訴追を受けた裁判官を裁判するため、両議院の議員で組織する弾劾裁判所を設ける。

弾劾に関する事項は、法律でこれを定める。

第五章　内　閣

第六五条　行政権は、内閣に属する。

第六六条　内閣は、法律の定めるところにより、その首長たる内閣総理大臣及びその他の国務大臣でこれを組織する。

内閣総理大臣その他の国務大臣は、文民でなければならない。

内閣は、行政権の行使について、国会に対し連帯して責任を負ふ。

第六七条　内閣総理大臣は、国会議員の中から国会の議決で、これを指名する。この指名は、他のすべての案件に先だつて、これを行ふ。

衆議院と参議院とが異なつた指名の議決をした場合に、法律の定めるところにより、両議院の協議会を開いても意見が一致しないとき、又は衆議院が指名の議決をした後、国会休会中の期間を除いて一〇日以内に、参議院が、指名の議決をしないときは、衆議院の議決を国会の議決とする。

第六八条　内閣総理大臣は、国務大臣を任命する。但し、その過半数は、国会議員の中から選ばれなければならない。

内閣総理大臣は、任意に国務大臣を罷免することができる。

第六九条　内閣は、衆議院で不信任の決議案を可決し、又は信任の決議案を否決したときは、一〇日以内に衆議院が解散されない限り、総辞職をしなければならない。

第七〇条　内閣総理大臣が欠けたとき、又は衆議院議員総選挙の後に初めて国会の召集があつたときは、内閣は、総辞職をしなければならない。

第七一条　前二条の場合には、内閣は、あらたに内閣総理大臣が任命されるまで引き続きその職務を行ふ。

第七二条　内閣総理大臣は、内閣を代表して議案を国会に提出し、一般国務及び外交関係について国会に報告し、並びに行政各部を指揮監督する。

第七三条　内閣は、他の一般行政事務の外、左の事務を行ふ。

一　法律を誠実に執行し、国務を総理すること。

二　外交関係を処理すること。
三　条約を締結すること。但し、事前に、時宜によつては事後に、国会の承認を経ることを必要とする。
四　法律の定める基準に従ひ、官吏に関する事務を掌理すること。
五　予算を作成して国会に提出すること。
六　この憲法及び法律の規定を実施するために、政令を制定すること。但し、政令には、特にその法律の委任がある場合を除いては、罰則を設けることができない。
七　大赦、特赦、減刑、刑の執行の免除及び復権を決定すること。

第七四条　法律及び政令には、すべて主任の国務大臣が署名し、内閣総理大臣が連署することを必要とする。

第七五条　国務大臣は、その在任中、内閣総理大臣の同意がなければ、訴追されない。但し、これがため、訴追の権利は、害されない。

第六章　司　法

第七六条　すべて司法権は、最高裁判所及び法律の定めるところにより設置する下級裁判所に属する。

特別裁判所は、これを設置することができない。行政機関は、終審として裁判を行ふことができない。

すべて裁判官は、その良心に従ひ独立してその職権を行ひ、この憲法及び法律にのみ拘束される。

第七七条　最高裁判所は、訴訟に関する手続、弁護士、裁判所の内部規律及び司法事務処理に関する事項について、規則を定める権限を有する。

検察官は、最高裁判所の定める規則に従はなければならない。

最高裁判所は、下級裁判所に関する規則を定める権限を、下級裁判所に委任することができる。

第七八条　裁判官は、裁判により、心身の故障のために職務を執ることができないと決定された場合を除いては、公の弾劾によらなければ罷免されない。裁判官の懲戒処分は、行政機関がこれを行ふことはできない。

第七九条　最高裁判所は、その長たる裁判官及び法律の定める員数のその他の裁判官でこれを構成し、その長たる裁判官以外の裁判官は、内閣でこれを任命する。

最高裁判所の裁判官の任命は、その任命後初めて行はれる衆議院議員総選挙の際国民の審査に付し、その後一〇年を経過した後初めて行はれる衆議院議員総選挙の際更に審査に付し、その後も同様とする。

前項の場合において、投票者の多数が裁判官の罷免を可とするときは、その裁判官は、罷免される。

審査に関する事項は、法律でこれを定める。

最高裁判所の裁判官は、法律の定める年齢に達した時に退官する。

最高裁判所の裁判官は、すべて定期に相当額の報酬を受ける。この報酬は、在任中、これを減額することができない。

第八〇条　下級裁判所の裁判官は、最高裁判所の指名した者の名簿によつて、内閣でこれを任命する。その裁判官は、任期を一〇年とし、再任されることができる。但し、法律の定める年齢に達した時には退官する。

下級裁判所の裁判官は、すべて定期に相当額の報酬を受ける。この報酬は、在任中、これを減額することができない。

第八一条 最高裁判所は、一切の法律、命令、規則又は処分が憲法に適合するかしないかを決定する権限を有する終審裁判所である。

第八二条 裁判の対審及び判決は、公開法廷でこれを行ふ。

裁判所が、裁判官の全員一致で、公の秩序又は善良の風俗を害する虞があると決した場合には、対審は、公開しないでこれを行ふことができる。但し、政治犯罪、出版に関する犯罪又はこの憲法第三章で保障する国民の権利が問題となつてゐる事件の対審は、常にこれを公開しなければならない。

第七章 財 政

第八三条 国の財政を処理する権限は、国会の議決に基いて、これを行使しなければならない。

第八四条 あらたに租税を課し、又は現行の租税を変更するには、法律又は法律の定める条件によることを必要とする。

第八五条 国費を支出し、又は国が債務を負担するには、国会の議決に基くことを必要とする。

第八六条 内閣は、毎会計年度の予算を作成し、国会に提出して、その審議を受け議決を経なければならない。

第八七条　予見し難い予算の不足に充てるため、国会の議決に基いて予備費を設け、内閣の責任でこれを支出することができる。
すべて予備費の支出については、内閣は、事後に国会の承諾を得なければならない。

第八八条　すべて皇室財産は、国に属する。すべて皇室の費用は、予算に計上して国会の議決を経なければならない。

第八九条　公金その他の公の財産は、宗教上の組織若しくは団体の使用、便益若しくは維持のため、又は公の支配に属しない慈善、教育若しくは博愛の事業に対し、これを支出し、又はその利用に供してはならない。

第九〇条　国の収入支出の決算は、すべて毎年会計検査院がこれを検査し、内閣は、次の年度に、その検査報告とともに、これを国会に提出しなければならない。
会計検査院の組織及び権限は、法律でこれを定める。

第九一条　内閣は、国会及び国民に対し、定期に、少くとも毎年一回、国の財政状況について報告しなければならない。

第八章　地方自治

第九二条　地方公共団体の組織及び運営に関する事項は、地方自治の本旨に基いて、法律でこれを定める。

第九三条　地方公共団体には、法律の定めるところにより、その議事機関として議会を設置する。
地方公共団体の長、その議会の議員及び法律の定めるその他の吏員は、その地方公共団体の住民が、直接これを選挙する。

第九四条　地方公共団体は、その財産を管理し、事務を処理し、及び行政を執行する権能を有し、法律の範囲内で条例を制定することができる。

第九五条　一の地方公共団体のみに適用される特別法は、法律の定めるところにより、その地方公共団体の住民の投票においてその過半数の同意を得なければ、国会は、これを制定することができない。

第九章　改　正

第九六条　この憲法の改正は、各議院の総議員の三分の二以上の賛成で、国会が、これを発議し、国民に提案してその承認を経なければならない。この承認には、特別の国民投票又は国会の定める選挙の際行はれる投票において、その過半数の賛成を必要とする。

憲法改正について前項の承認を経たときは、天皇は、国民の名で、この憲法と一体を成すものとして、直ちにこれを公布する。

第一〇章　最高法規

第九七条　この憲法が日本国民に保障する基本的人権は、人類の多年にわたる自由獲得の努力の成果であつて、これらの権利は、過去幾多の試錬に堪へ、現在及び将来の国民に対し、侵すことのできない永久の権利として信託されたものである。

第九八条　この憲法は、国の最高法規であつて、その条規に反する法律、命令、詔勅及び国務に関するその他の行為の全部又は一部は、その効力を有しない。

日本国が締結した条約及び確立された国際法規は、これを誠実に遵守することを必要とする。

第九九条　天皇又は摂政及び国務大臣、国会議員、裁判官その他の公務員は、この憲法を尊重し擁護する義務を負ふ。

第一一章　補　則

第一〇〇条　この憲法は、公布の日から起算して六箇月を経過した日から、これを施行する。
この憲法を施行するために必要な法律の制定、参議院議員の選挙及び国会召集の手続並びにこの憲法を施行するために必要な準備手続は、前項の期日よりも前に、これを行ふことができる。
第一〇一条　この憲法施行の際、参議院がまだ成立してゐないときは、その成立するまでの間、衆議院は、国会としての権限を行ふ。
第一〇二条　この憲法による第一期の参議院議員のうち、その半数の者の任期は、これを三年とする。その議員は、法律の定めるところにより、これを定める。
第一〇三条　この憲法施行の際現に在職する国務大臣、衆議院議員及び裁判官並びにその他の公務員で、その地位に相応する地位がこの憲法で認められてゐる者は、法律で特別の定をした場合を除いては、この憲法施行のため、当然にはその地位を失ふことはない。但し、この憲法によつて、後任者が選挙又は任命されたときは、当然その地位を失ふ。

著 者 紹 介

※肩書きは執筆当時のものです。

辻《つじ》　清明《きよあき》　東京大学教授
中村《なかむら》　哲《あきら》　法政大学教授
寺沢《てらさわ》　一《はじめ》　東京大学教授
高柳《たかやなぎ》　信一《しんいち》　東京大学助教授
磯野《いその》　誠一《せいいち》　東京教育大学教授
小川《おがわ》　政亮《まさあき》　日本社会事業大学助教授
星野安三郎《ほしのやすさぶろう》　東京学芸大学助教授
松岡《まつおか》　三郎《さぶろう》　明治大学教授
鍛冶《かじ》　良堅《よしかた》　明治大学助教授
小林《こばやし》　孝輔《たかすけ》　青山学院大学教授
橋本《はしもと》　公亘《きみのぶ》　中央大学教授
渡辺《わたなべ》　洋三《ようぞう》　東京大学助教授
遠藤《えんどう》　湘吉《しょうきち》　東京大学教授
和田《わだ》　英夫《ひでお》　明治大学教授
小林《こばやし》　直樹《なおき》　東京大学教授

解題……伊藤《いとう》　真《まこと》　弁護士・伊藤塾塾長
日弁連憲法問題対策本部副本部長

本書は憲法擁護国民連合（現フォーラム平和・人権・環境、http://www.peace-forum）編『みんなの憲法』（日本評論新社、1961年）を底本にした。

日本評論社創業100年記念出版

新装復刻版《しんそうふっこくばん》　みんなの憲法《けんぽう》

1961年5月3日　第1版第1刷発行
2018年9月20日　新装復刻版第1刷発行

編　者――日本評論社
発行者――串崎　浩
発行所――株式会社　日本評論社
〒170-8474 東京都豊島区南大塚3-12-4
電話　03-3987-8621（販売）　03-3987-8592（編集）
FAX　03-3987-8590（販売）　03-3987-8596（編集）
https://www.nippyo.co.jp/　振替　00100-3-16
印　刷――平文社
製　本――難波製本
装　丁――桂川　潤

検印省略
ISBN978-4-535-52371-5　Printed in Japan